MOTIVACIÓN
DEL NIÑO DE
0 A 2 AÑOS

ediciones
gamma

© EDICIONES GAMMA S.A.
© SAMIRA THOUMI

GERENTE GENERAL:
GUSTAVO CASADIEGO CADENA
DIRECTOR COMERCIAL:
ÁLVARO MESA PLAZAS
DIRECTORA EDITORIAL:
BERNARDA RODRÍGUEZ BETANCUR
IDEA ORIGINAL:
ÁLVARO MESA PLAZAS
DISEÑADORA GRÁFICA:
CLAUDIA ACUÑA RODRÍGUEZ
ILUSTRADORA:
OLGA ROSARIO CUÉLLAR
REVISIÓN DE TEXTOS:
ANDRÉS LONDOÑO
PREPRENSA:
XPRESS ESTUDIO GRÁFICO DIGITAL LTDA.
IMPRESIÓN: D'VINNI LTDA.
SEGUNDA EDICIÓN: NOVIEMBRE DE 2004
ISBN: 958-8177-34-0

EDICIONES GAMMA S.A.
CALLE 85 N° 18-32
TELÉFONO: 691 2553 - 622 7054
E-MAIL COMERCIAL:
amesa@resvistadiners.com.co
E-MAIL EDITORIAL:
editoralibros@resvistadiners.com.co

IMPRESO EN COLOMBIA

S Autora

Samira Thoumi es licenciada en fonoaudiología de la Universidad del Rosario y diplomada en desarrollo del lenguaje de la misma institución. Fue docente y, durante cuatro años, supervisora de prácticas de esa universidad. Ha sido asesora de tesis sobre *software* educativo en la Universidad Piloto de Colombia y en la Universidad Central. Así mismo, directora de fonoaudiología del Instituto Colombiano de Audición y Lenguaje durante seis años y dedicó diez a dirigir el Centro Terapéutico Crear. Es pionera en investigación, desarrollo y aplicación de *software* educativo desde hace 12 años, con un cúmulo de 34 títulos en multimedia para niños. Actualmente ofrece seminarios en Bogotá, Cuba y Ecuador sobre aplicación de *software* educativo en los trastornos de aprendizaje.

Colaboradoras

Gloria Castellanos.
Terapista ocupacional de la Universidad del Rosario.
Margarita Galeano.
Terapista de lenguaje de la Universidad Nacional.
Monserrat Carulla.
Oftalmóloga de la Universidad del Rosario
Consuelo Moya.
Psicóloga de la Universidad Nacional de Colombia.

MOTIVACIÓN
DEL NIÑO DE
0 A 2 AÑOS

Samira Thoumi

ediciones
gamma

Índice general

Introducción

La motivación y el desarrollo mental

Motivar a un bebé, niño o adolescente, con el propósito de ayudarlo a encontrar los medios apropiados para desarrollarse es asunto que ocupa a todo aquel que tiene que ver con su formación. ¿Cómo hacerlo?, ¿en qué momento?, ¿para qué? o ¿quién?, son preguntas que surgen cuando el tema nos inquieta. ¿Qué hace que se tenga éxito, motivando a un niño o a un adolescente? ¿qué les entusiasma a ellos?, son los interrogantes más comunes en los padres y educadores.

¿Cómo encontrar la llave mágica que nos abra las puertas para encontrar ese gran tesoro que es cada ser humano encarnado en un bebé, niño o joven cercano a nosotros? Todo adulto que se interesa por estimular el desarrollo infantil y juvenil quiere convertirse en *maestro*. Es decir, se desea encontrar los mejores instrumentos para mejorarse a sí mismo y desarrollar las habilidades que le permitan ser una buena fuente de estímulos para los menores con quienes se relaciona.

El conocimiento se convierte entonces en una herramienta eficaz para comprender en forma más amplia y profunda cómo evolucionan los niños y los jóvenes a lo largo del tiempo o de lo

que es común en cada etapa y lo que es propio de un solo individuo. También nos permite saber lo que es característico en todos, así como lo que es único en alguno, en particular.

Sin duda alguna, los conocimientos nos dan una mejor comprensión de quiénes son nuestros muchachos pero, además, lo que nos ofrece las otras herramientas que enriquecen esa comprensión.

A lo largo del desarrollo de este importante tema, usted podrá conocer y entender cómo evoluciona el desarrollo mental en cada una de sus etapas, para que según su parecer, su manera de ser y los recursos físicos de que disponga, encuentre la mejor manera de crear un ambiente sano, positivo y amoroso que favorezca el progreso de los pequeños. También encontrará guías tomando como referencia las diferentes experiencias de los autores, para crear un ambiente positivo.

Es importante recordar que el conocimiento de lo que caracteriza a cada grupo según la edad y las estrategias que encuentre, son modelos que se deben contemplar, pero que usted mismo debe adecuar, cambiar, inventar o crear conforme a su propia realidad y experiencia.

Capítulo 1

La motivación, los motivos y lo motivante

¿Cómo funciona la cadena?

En todo el proceso de la vida se dan nuevas y diferentes posibilidades de avance evolutivo. Tanto la motivación como los motivos y lo motivante varían a medida que se evoluciona a lo largo de la vida. Se da de manera diferente durante el embarazo, durante el período lactante y también durante los 3 a 7 años. Las tres fases anteriores difieren asimismo de las etapas: 8 a 10 años; la pubertad; la adolescencia; 18 a 23 años. En cada estadio la motivación cambia en su forma, pero no en su esencia, ya que cada individuo demanda y responde a estímulos de motivación según su condición propia.

La motivación en sí es definida como la acción y el efecto de motivar. Es la causa que nos impulsa, lo que nos lleva a hacer, pensar, actuar o ser. Es lo que origina un movimiento ya sea biológico, de pensamiento, emoción o sentimiento. También, lo que nos lleva a asumir un comportamiento o lo que origina una determinada experiencia.

Si la motivación parte de una idea acerca de algo, es decir, desde el factor mental, entonces, procede de un pensamiento y mueve a la persona a hacer algo en relación con el mismo.

Casos

Un niño que desea aprender a jugar con una pelota, se acercará e intentará, con su cuerpo, obtener un dominio sobre el juguete en el momento que vea uno de éstos.

Un joven que quiere ser líder, buscará la forma de tener la iniciativa frente a sus compañeros en los asuntos que les interesen. Es decir, la motivación procede de los tres niveles de manifestación del individuo: de lo físico, de lo mental y de lo individual. Pero siempre en relación con el ambiente.

La motivación mental

Empezamos entonces a comprender que la motivación esencialmente depende de la persona misma, y quien desde fuera puede actuar en calidad de agente motivador, lo que hace es estimular los procesos que ocurren en el sujeto mismo. De esta manera, encontramos así un nuevo elemento en la motivación que son los grados de conciencia con que el ser humano actúa. Es importante tener en cuenta que lo que para unas personas es motivante, para otras no lo es. A nivel esencialmente orgánico, encontramos procesos que el mismo cuerpo regula sin un pensamiento. consciente.

En la medida en que avanzamos, cada vez las motivaciones dejan de ser elementales para volverse más complejas, y aquí encontramos las razones de tipo social o las de carácter moral, por lo que aparecen los anhelos de ser parte de un grupo o sentirse bien consigo mismo.

Concluimos, entonces, que la mente juega un papel fundamental en la motivación, que va llevando al ser humano a desarrollarse, y este proceso es, en sus comienzos, dependiente del adulto, pero progresivamente se va volviendo más autónomo y más relacionado con la persona.

Casos

Un niño come un dulce y el sistema digestivo automáticamente inicia el proceso de digerirlo. No se requiere de una orden consciente para respirar o para que el corazón se mueva rítmicamente. El organismo tiene procesos de regulación que buscan el equilibrio para la conservación de la salud.

Un niño que quiere conocer el mundo que le rodea, gatea, camina, corre o salta, y sólo en la medida en que encuentra los medios apropiados para hacerlo, va desarrollando la motricidad que lo lleva a elaborar procesos de pensamiento.

En un nivel más evolucionado están los procesos en que se elige estudiar para conocer más el mundo, como aprender lectura y escritura para tener la opción de comunicarse de una manera más amplia con el mundo, o bien, geografía para saber en qué sitio se vive y cómo son los demás lugares.

¿Qué se espera de padres y educadores como agentes de motivación?

En general, que brinden un ambiente propicio para un buen desarrollo de los niños y de los jóvenes. Unas condiciones positivas, amorosas, sanas y liberadoras que permitan a cada menor encontrar los medios para ser lo que cada uno puede y quiere ser. Proporcionarles lo que a nosotros como adultos nos da felicidad, tranquilidad, alegría, pero que a su vez impulse a los pequeños a formarse como personas felices, libres, alegres y tranquilas.

Ayudar a que se desarrollen y evolucionen de forma cada vez más independiente, que se valgan más por sí mismos, que aprendan a ser ellos mismos y que siéndolo, sean felices y se sientan bien consigo mismos, con el mundo en que viven y, a su vez, puedan brindar lo mejor de ellos a quienes comparten su vida. Es decir, nuestra labor es aprender a vivir mejor para facilitar a los demás mejores niveles de bienestar.

La fórmula mágica

La fórmula mágica

NO LA HAY Y MENOS AUN UNA IGUAL PARA TODOS LOS NIÑOS. AL CONTRARIO, ES ABSOLUTAMENTE PARTICULAR PARA CADA PEQUEÑO, ADOLESCENTE, ADULTO E, INCLUSO, FAMILIA, SEGÚN LAS CONDICIONES DEL MEDIO AMBIENTE PREDOMINANTE. SIN EMBARGO, LA FÓRMULA SE PUEDE CONSTITUIR EN TODAS Y CADA UNA DE LAS SOLUCIONES QUE CREEMOS, PERO EN DONDE ENCONTRAMOS GENERALIDADES Y PATRONES ES EN LOS PROCESOS NORMALES DE DESARROLLO, TANTO FÍSICOS COMO PSICOLÓGICOS, CUYA RELATIVA ESTABILIDAD TAN SÓLO VARÍA, EN FORMA PAULATINA, A LO LARGO DEL PROCESO EVOLUTIVO DE LA HUMANIDAD. ELLO NO SE DA DE UN DÍA PARA OTRO. ESO ES LO ÚNICO PREDECIBLE Y COMÚN PARA TODOS.

Comunicar bien es motivar mejor

De manera que un buen motivador es, en general, quien encuentra cómo comunicar, ofrecer, modelar, guiar o sugerir algo conveniente para el progreso de los niños y de los jóvenes; quien facilita, guía y orienta, no con una dependencia exclusiva del adulto sino con su apoyo. Porque cuenta el otro, el niño, ese adolescente, su individualidad; y quien lo realiza, lo hace de acuerdo con la etapa de desarrollo de los muchachos, de su persona, ritmo de crecimiento, capacidad de entendimiento y estado de salud.

El adulto, encargado de formar y educar, está acostumbrado a exigirse perfeccionismo, conducta que lo lleva a experimentar frustración con regularidad, cuando se enfrenta a alguna dificultad propia o a los menores, ya sean éstos sus hijos o alumnos. Aquí es necesario disminuir esos estándares de exigencia que se han convertido en nocivas verdades absolutas y únicas. ✪

¿Hasta qué punto podemos dar el apoyo al niño?

ES NECESARIO TENER PRESENTE CÓMO ESTAMOS INFLUYENDO EN EL NIÑO, YA QUE FRECUENTEMENTE SE PRESENTAN GRANDES DOSIS DE CULPABILIDAD EN LOS PADRES PORQUE SUS HIJOS NO SON LO QUE ESPERABAN O NO RESPONDEN A SUS ESFUERZOS EN LA FORMA COMO SE LO HABÍAN IMAGINADO, O BIEN, PORQUE NO ENCUENTRAN EL CAMINO ACERTADO PARA OBTENER RESULTADOS INMEDIATOS.

CON UN GRADO MAYOR DE AMOR PROPIO, BENEVOLENCIA Y BONDAD, SEGURAMENTE SERÁ MÁS FÁCIL SERVIR DE APOYO A LOS QUE ESTÁN EN FORMACIÓN. ES EL CAMINO HACIA ACTITUDES MÁS CONSECUENTES, SENCILLAS Y AMOROSAS. ¿CUÁNTAS VECES VEMOS LA SOLUCIÓN A ALGO CUANDO NOS SERENAMOS Y MIRAMOS LAS COSAS CON CALMA Y SENCILLEZ? MUCHOS DE LOS CONFLICTOS EN LAS RELACIONES HUMANAS SE GENERAN POR EL TEMOR A FALLAR, POR TEMOR A VIVIR LO QUE HEMOS DENOMINADO EL "FRACASO". LO NORMAL EN EL SER HUMANO ES QUE FALLE O SE EQUIVOQUE, PORQUE ESTAMOS A DIARIO CREANDO NUESTRA REALIDAD DE SER, VAMOS DESCUBRIENDO QUÉ NOS GUSTA O INCOMODA DE NOSOTROS Y ELLO IMPLICA UN CONSTRUIR CONTINUO.

¿Hasta qué punto podemos dar el apoyo al niño?

Casos

🔖 Si un niño muestra habilidad e interés hacia la música, y académicamente sus resultados no son óptimos, se sentirá más motivado a potenciar su renglón académico, si se le estimula su habilidad.

🔖 Cuando se castiga sin explicar claramente la razón, no se consigue cambio de actitud sino que se causa un bloqueo que ocasiona la repetición de la conducta.

🔖 Si al comenzar una actividad se estimula a la persona con refuerzo positivo, se logra una respuesta adecuada.

Capítulo 2

Cómo actúa el cerebro frente a la motivación

Influencia de la ciencia neuronal en el conocimiento

El área del conocimiento que estudia las relaciones mente-cerebro, es conocido como neurociencia cognitiva (ciencia neuronal de la cognición o del conocimiento). Esto es lo que nos permite entender cómo los procesos mentales se realizan en el encéfalo, produciendo una marcada individualidad en la acción humana.

La madurez cerebral se logra con motivación

EL CONOCIMIENTO DE LOS PROCESOS MENTALES HA MOSTRADO LA IMPORTANCIA DE LA ESTIMULACIÓN CANALIZADA DURANTE TODA LA VIDA MEDIANTE MOTIVACIÓN, ENTENDIENDO ASPECTOS COMO:

1. CADA PERSONA TIENE MUCHAS HABILIDADES INNATAS QUE PUEDE DESARROLLAR O NO DE ACUERDO CON LA MOTIVACIÓN.
2. LOS APRENDIZAJES MEMORÍSTICOS PASAN A UN SEGUNDO PLANO COBRANDO MAYOR IMPORTANCIA EL DESARROLLO DE HABILIDADES POR MEDIO DE LOS SENTIDOS.
3. LA MOTIVACIÓN NO DEBE SER UTILIZADA PARA DESARROLLAR APRENDIZAJES SIN TENER LA HABILIDAD.
4. LA MOTIVACIÓN CAMBIA DE ACUERDO CON LA ETAPA DE LA VIDA, DESARROLLO MADURATIVO, INTERESES PARTICULARES Y ENTORNO CULTURAL.

La madurez cerebral se logra con motivación

Los adelantos de la tecnología biomédica no sólo han permitido, entre muchas otras tareas, analizar la estructura y funcionalidad del cerebro humano, sino además propiciar la integración de diferentes disciplinas y teorías de amplio desarrollo humano, tales como la filosofía, la psicología, la química, la bioquímica y la biología molecular, entre otras.

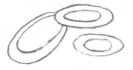

Casos

➡ Un niño que aún no tiene coordinación viso-motriz (ojo-movimiento) o que no es capaz de vestirse solo, no puede ser exigido frente a actividades como la escritura. La mayoría de las habilidades se pueden fomentar con el acto repetitivo en la cotidianidad.

➡ Buscando el método adecuado para cada persona, es posible promover el estímulo que lleva a desarrollar los sentidos, con lo que a la vez se obtienen aprendizajes analíticos. Para unas personas puede ser más conveniente aprender geografía leyendo, mientras a otras se les facilita aprender escuchando, a otras escribiendo, a otras pintando.

Influencia del desarrollo mental en la salud

Encontramos que motivar un buen desarrollo psicológico es favorecer un buen estado de salud. Crear escenarios que le permitan al bebé, al niño o al adolescente un equilibrio apropiado para la maduración mental en condiciones sanas, es apoyarlo para que desarrolle eficazmente cada una de sus habilidades. En este sentido, se estructura la noción de cómo la psiquis va madurando por etapas, develando la manera de motivar un crecimiento sano y coherente, así como el avance de todos los procesos, cuyos principios se encuentran en el interior de cada persona.

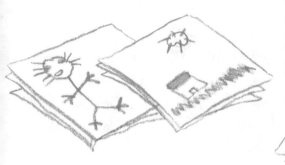

Los avances de la ciencia nos han llevado a ampliar el conocimiento respecto del cerebro, para comprender el desarrollo humano. A su vez nos han mostrado la importancia del desarrollo madurativo en los primeros años, durante los que el bebé tiene la necesidad de una motivación, de unos estímulos adecuados que logren las conexiones necesarias; que integren el placer como un factor importante, tanto para el equilibrio del bebé, como para el de los padres.

La integración de las diferentes disciplinas en las últimas décadas ha permitido que la ciencia obtenga mayor claridad sobre el funcionamiento del cerebro. Mediante el uso de la tecnología, las investigaciones realizadas sobre el cerebro han conducido asimismo al conocimiento de la conducta adaptativa, aspecto que se está reflejando en los campos relacionados con el desarrollo humano, y que aborda el campo de la motivación y su relación con el desarrollo de habilidades. Gracias a estos nuevos conocimientos que la ciencia ha encontrado, los enfoques de las diferentes disciplinas tienen, necesariamente, que

transformarse y ajustarse a los cambios de la época. Estos avances nos permiten analizar e integrar los diferentes caminos y métodos mediante los que el ser humano percibe los estímulos en múltiples formas, de acuerdo con el desarrollo de sus sentidos y su experiencia emocional.

El aprendizaje y las inteligencias

Daniel Goleman, doctor en filosofía, plantea un nuevo concepto de inteligencia, la 'emocional'. Él analiza cómo intervienen los factores neurológicos en el talento básico y por qué pueden llegar a ser más importantes que el cociente intelectual. Este modelo de inteligencia coloca las emociones en el centro de las aptitudes para vivir, al tiempo que suponen un riesgo alto para la salud física.

La aplicación de estos nuevos conocimientos en el trabajo con niños, nos está conduciendo a descubrir y comprender los procesos que nos describe la neurociencia: cómo se logra la maduración cerebral, en qué consiste el 'retraso madurativo' y cuál es su incidencia en el desarrollo del aprendizaje, cómo se puede nivelar un retraso madurativo y cuáles períodos son críticos para esta nivelación. Es por ello que hoy estamos orientados hacia la motivación, dándole una mayor importancia a las fortalezas que a las debilidades, las cuales se pueden superar a partir de las potencialidades que tiene el ser humano en las diferentes áreas del desarrollo.

➯ Un adulto que le da un trato negativo a un niño que está desarrollando sus diferentes habilidades le produce un bloqueo que inhabilita el proceso.

➯ El ser humano, de acuerdo con su manera de ser, su componente genético, desarrollo cerebral y entorno social, amplía diversos tipos de habilidades que influyen de manera importante en su aspecto cognitivo. Según Howard Gardner, teórico de las inteligencias múltiples, esta capacidad genera diferentes tipos de inteligencias.

Las respuestas sensoriales aumentan con motivación adecuada

Convirtiendo las carencias en fortalezas

ACTUALMENTE SE ESTÁN APLICANDO ALTERNATIVAS QUE POTENCIAN LAS HABILIDADES, LO QUE POR SÍ SOLO ES COMPRENSIBLE Y PERFECTAMENTE AVALADO. PERO LO MÁS ACONSEJABLE ES QUE TAMBIÉN SE LLEVEN A CABO ESTRATEGIAS DIVERSAS QUE TRANSFORMEN LAS CARENCIAS EN APTITUDES, REORIENTÁNDOLAS HASTA CONVERTIRLAS EN VERDADERAS HABILIDADES, MEDIANTE EL USO DE DETERMINADAS ACTIVIDADES. TAL ES EL CASO DE LA MÚSICA, USADA PARA SOLUCIONAR LAS DIFICULTADES CON LAS MATEMÁTICAS; EL DIBUJO, PARA MEJORAR LA CONDICIÓN VISO-MOTRIZ O EL APRENDIZAJE LECTOR POR MEDIO DE MÉTODOS GRÁFICOS, ETC.

Convirtiendo las carencias en fortalezas

Estas experiencias demuestran que las respuestas sensoriales aumentan con una motivación adecuada, incluyendo alternativas como la música, el dibujo y las artes en general. De igual for-

➡ La agresividad como respuesta negativa se da cuando se le exigen al niño tareas para las cuales no está preparado aún. Entre ellas, podemos mencionar el control de esfínteres o alimentarse solo, conductas que se realizan fácilmente cuando el bebé tiene el desarrollo cerebral apropiado de acuerdo con su madurez.

➡ Algunos niños presentan mal procesamiento de la información, que vemos en la dificultad para relacionar los sentidos entre sí, queriendo decir con esto que no pueden utilizar dos sentidos al mismo tiempo. Esto ocurre por la falta de comunicación entre los dos hemisferios cerebrales o por problemas eléctricos del sistema nervioso, ocasionando así complicaciones en la interpretación del código sensorial durante el procesamiento central de la información. De nada sirve tener un órgano periférico sano, como el oído o la vista, si de allí se deriva una información que no es procesada adecuadamente en su fase interna.

ma, se ha detectado que en algunos niños la motivación negativa causa respuestas de agresividad.

Los estímulos, al no ser procesados adecuadamente, ocasionan alteraciones en la conducta, generando en el pequeño apatía o agresividad frente a las diferentes actividades de la vida cotidiana. También su proceso cognitivo se altera, así como su desarrollo motor y de lenguaje. Ello le impide expresarse adecuadamente o le hace manifestar señales comunicativas inconsecuentes. Un aspecto típico de esta alteración son las 'pataletas', que produce cuando no sabe cómo responder a los diferentes estímulos del medio.

Desde el vientre materno

Una de las búsquedas de la ciencia es la de entender la base bio-lógica de la conciencia y de los procesos mentales por los que per-cibimos, actuamos o aprendemos. Actualmente se está realizando la fusión del estudio de la conducta, la ciencia de la mente y la neurociencia o ciencia del encéfalo.

Lo que pasa en nuestro cerebro cuando realizamos una acción como la de hablar, caminar, estudiar, entre otras funciones, permite afian-zar la idea de que el cerebro del individuo evoluciona desde el vien-tre materno, ofreciéndole a éste la posibilidad de seleccionar cada uno de los estímulos del medio que le rodea y archivarlos en el área correspondiente para integrarlos con los sentidos. Con exámenes por computador, como la resonan-cia magnética, es posible establecer la relación entre la estructura de la mente y la función cerebral.

¿Qué sucede sin estímulo?

CON BASE EN EXPERIENCIAS, SE HA ANALIZADO LA MANERA COMO EL CEREBRO CONSTRUYE SUS REDES NEURONALES IN-TEGRANDO LAS EXPERIENCIAS DADAS POR EL ENTORNO Y LA EXPERIENCIA GENÉTICA ACUMULADA, LOGRANDO CON ELLO UN DESARROLLO CEREBRAL PROPIO Y ÚNICO. EL RESUL-TADO DEL ESTUDIO HA ARROJADO LA CERTEZA DE QUE LAS EXPERIENCIAS NEGATIVAS O LA FALTA DE ESTÍMULO PUEDEN SER LA CAUSA DE ALTERACIONES DE LA FUNCIÓN CEREBRAL.

¿Qué sucede sin estímulo?

El laberinto que recorre la información

El cerebro es un órgano irremplazable que pesa menos de un kilo y medio y es el centro de control del individuo. Se divide en dos hemisferios: izquierdo y derecho, con funciones muy específicas. Cada uno es dominante para funciones determinadas y se complementa con el otro por una región en la mitad que es el cuerpo calloso. La buena comunicación de estas dos partes es la que nos permite equilibrio y rapidez para las diferentes actividades de la vida diaria. Los hemisferios a su vez se subdividen en lóbulos, cada uno con áreas bien definidas que se interconectan entre sí, lo cual permite el análisis y procesamiento de la información que le llega. Tiene, también, unas vías de entrada que le permiten codificar, analizar y almacenar la información que recibe de los diferentes estímulos y otras vías que le permiten decidir qué hacer con la información recibida y, de esta forma, realizar una conducta respectiva. Con estas funciones cada individuo organiza, planea y ejecuta sus diferentes acciones.

Las neuronas

La unidad básica del sistema nervioso es una célula muy especializada llamada neurona, que se diferencia de una célula normal porque no se reproduce. Se espera que el número de neuronas con el que nacemos se organice desde el momento del nacimiento, lo cual explica el hecho de que una lesión cerebral sea tan nociva, ya que las lesiones queman y destruyen neuronas de forma irreversible. Sin embargo, la plasticidad cerebral, es decir, la habilidad que tiene el cerebro de adaptarse a las diferentes circunstancias, nos permite tomar vías alternas para iniciar la recuperación de algunas funciones que pueden perderse en algún momento de nuestras vidas.

Las esculturales y útiles formas de las neuronas

LAS NEURONAS MIDEN MENOS DE 0,1 MILÍMETRO Y PRESENTAN DOS CLASES DE PROLONGACIONES: LAS MÁS PEQUEÑAS, TIENEN FORMA DE ÁRBOL Y ESTÁN SITUADAS EN TORNO AL CITOPLASMA; ÉSTAS RECIBEN EL NOMBRE DE DENDRITAS. LAS MÁS LARGAS Y CILÍNDRICAS, QUE TERMINAN EN VARIAS RAMIFICACIONES, SE DENOMINAN CILINDROEJES O AXONES, Y TIENEN UNA DOBLE MISIÓN: POR UNA PARTE, CONECTAN A LAS NEURONAS ENTRE SÍ, EN UN PROCESO QUE SE LLAMA SINAPSIS, Y POR OTRA, AL REUNIRSE CON CIENTOS O MILES DE OTROS AXONES, DAN ORIGEN A LOS NERVIOS QUE CONECTAN AL SISTEMA NERVIOSO CON EL RESTO DEL CUERPO.

El período de remodelación de las neuronas es un tiempo durante el cual los factores del medio ambiente pueden ser de inmenso impacto en la organización posterior del cerebro. Las entradas sensoriales son de gran importancia en la selección de axones, dendritas, sinapsis y neuronas, las cuales van a formar los circuitos neuronales. Pero asimismo, tengamos en cuenta que el éxito que se obtenga en un proceso sensorial, depende no de la edad cronológica del individuo, sino de la riqueza en la estimulación que se haya efectuado. A esto se denomina experiencia sensorial.

Cualquier tarea relativamente fácil requiere de una coordinación de los procesos de información de cada uno de los sistemas y subsistemas, teniendo en cuenta que su organización se viene realizando desde la vida intrauterina y continúa durante toda la vida. A este pro-

Casos

▭▷ Durante el período sensitivo (los dos primeros años) el hecho de privar o limitar un órgano produce la atrofia del mismo. Ejemplo de ello es el negar a un pequeño la oportunidad de desplazarse.

▭▷ Igual situación se presenta cuando se le facilitan automáticamente las cosas al niño, ahorrándole el trabajo de ejercer los procesos de pensamiento y traslado al lenguaje. Ejemplo, adivinar lo que el pequeño quiere y suministrárselo sin haberle permitido procesar si realmente lo desea, las palabras que debe usar para pedirlo y la manera como debe pedirlo para que sea escuchado y atendido.

ceso, en su primera etapa, se le denomina 'culminación del desarrollo neurobiológico o madurez cerebral'. Durante esta etapa se estructura cada uno de los sentidos, a medida que el feto va evolucionando.

El ejercicio del cerebro

Un avance muy importante de las últimas décadas es el concepto de plasticidad cerebral, que es la habilidad del cerebro para ejercer un constante ajuste, tanto en estructura como en función, para dar respuesta a las vivencias del medio ambiente, combinadas con su propia vivencia.

Estimular, captar y reaccionar: 'sinapsis'

Es la unión o conexión de células cerebrales, medio por el cual se van desarrollando las líneas o vías que le permiten a las diferentes células del sistema nervioso central comunicarse entre sí, para que el estímulo nervioso pase de una neurona a otra.

Casos

⊫▷ Un niño que tenga mayores oportunidades de estímulo ambiental ejercita su cerebro arrojando mejores respuestas ante las diferentes situaciones de la vida diaria. Por ejemplo, el estímulo de un segundo idioma adicional a la lengua materna se integra fácilmente a su cotidianidad.

La integración de estímulos permiten mayor número de interconexiones neuronales. Y sabemos que los diferentes sistemas neuronales y su incidencia en el comportamiento se ven afectados por la influencia del medio ambiente en períodos de tiempo altamente variables, dando soporte a la idea de que los sistemas neuronales en riquecen los distintos momentos del desarrollo humano.

¿Qué origina el estímulo?

EL TRABAJO DE LA NEURONA TRANSMISORA ES LIBERAR SUSTANCIAS QUÍMICAS CONO-
CIDAS COMO NEUROTRANSMISORES, ENCARGADOS DE EXCITAR A LOS RECEPTORES EXIS-
TENTES EN LA NEURONA QUE RECIBE. ESTA MECÁNICA ORIGINA EL ESTÍMULO, Y LUEGO,
UNA SUSTANCIA LLAMADA MIELINA, QUE CUBRE LOS NERVIOS, CANALIZA EL ESTÍMULO
HACIA LA SUSTANCIA GRIS DE LA MEDULA ESPINAL, MOTIVANDO LA ACCIÓN.

Casos

▭▷ En estudios realizados en la Universidad de Chicago, se tomaron mues-
tras de tejido cerebral de recién nacidos, encontrándose 124 millones
de conexiones; a las ocho semanas
había 572 millones de conexiones;
y a los 10 años de edad, había un
total de mil billones de conexiones.
A partir de esta etapa comienza a
bajar el número de neuronas hasta
el resto de la vida.

▭▷ Durante el desarrollo fetal las células del cerebro crecen de uno a 200
mil millones de neuronas.

▭▷ Las células realizan diferentes tra-
bajos dependiendo de las conexiones y de dónde se encuentran (sitio físico en el cerebro). Actualmente se estudia cómo ante el estímulo externo se organizan para luego
elaborar la respuesta.

▭▷ Las investigaciones señalan que el
cerebro archiva tanto las experiencias positivas como las negativas,
dando respuestas anticipadas ante
los eventos de la vida diaria. Por
ejemplo, un bebé se cae y el adulto
grita; en este momento inician los
temores que llevan al niño a evitar
el intento de nuevo. Éste es un caso
que se aplica a todos los órdenes del
desarrollo del individuo, en cuyos
inicios pueden ser bloqueadas por
acción del adulto múltiples posibilidades, de manera que es aquí donde la habilidad del adulto par
var al niño es imperiosa.

Las experiencias emocionales negativas

Cuando se efectúa estimulación contraproducente, o en calidad de adultos reaccionamos de forma inadecuada frente a un comportamiento infantil, se produce un bloqueo cerebral en las conexiones. ¿Por qué? Sucede que las sinapsis, que permiten la comunicación entre los aproximadamente 28 mil millones de neuronas de nuestro sistema nervioso, se producen mediante señales químicas y eléctricas, y se llevan a cabo en los botones sinápticos. En el interior de cada botón hay saquitos (vesículas) llenos de sustancias químicas llamadas neurotransmisores que ayudan a traspasar la información de una célula a otra.

En el caso de los impulsos que llevan una orden del cerebro a algún músculo, el proceso es el siguiente: tras viajar por muchísimas neuronas, el impulso llega al último botón sináptico cercano a las fibras musculares; entonces, un neurotransmisor químico viaja (o salta) a través del surco sináptico, espacio entre las terminaciones nerviosas y las células musculares, y se estimula a las fibras musculares para que se contraigan.

El camino de los mensajes neuronales

Para que se forme una experiencia a nivel sensorial y se dé una respuesta de tipo motor, como el movimiento de la mano o un pensamiento, los impulsos neuronales deben pasar por dos o más neuronas. Cada experiencia y actividad en la vida comprende un laberinto, infinitamente complejo de neuronas y sinapsis.

Por qué ejercitar las neuronas desde la primera infancia

MIENTRAS MÁS COMPLEJA SEA LA FUNCIÓN, MÁS NEURONAS ESTÁN IMPLICADAS EN LA TRANSMISIÓN DEL MENSAJE. CADA UNA DE ELLAS AGREGA NUEVOS ELEMENTOS A LA EXPERIENCIA Y A LA RESPUESTA DE LA PERSONA. TODOS LOS SISTEMAS NERVIOSOS HUMANOS FUNCIONAN CON UNA CARACTERÍSTICA PARTICULAR, PESE A ELLO, TODOS PERCIBIMOS Y RESPONDEMOS DE FORMAS SIMILARES, AUNQUE NO IGUALES.

Por qué ejercitar las neuronas desde la primera infancia

Para producir una percepción o un comportamiento apropiado, los impulsos deben permanecer en el camino correcto. Así mismo, un mensaje que atraviese una sinapsis y pase a otra parte del sistema nervioso, necesita que los impulsos tengan una fuerza eléctrica y sean ayudados por otros impulsos facilitadores.

Los estímulos hacen posible la conexión cerebral

Para que se lleve a cabo un proceso y sean emitidas unas respuestas adecuadas que permitan el desarrollo normal del niño, se requiere una serie de estímulos sensoriales: los táctiles, los del propio cuerpo que ocurren especialmente durante el movimiento (propioceptivos), los vestibulares, los auditivos y los visuales, posibilitando entradas al sistema central.

Para dar los estímulos hay que tener en cuenta la intensidad, frecuencia y duración de los mismos. Esto significa que cada individuo recibe los estímulos con similares características, sin que sea igual para todos; en unos niños se puede dar con mayor rapidez, en otros más lentamente. Por ello es importante dar el tiempo para procesar el estímulo. En este engranaje, son piezas esenciales la sensación y la percepción, conceptos que deben ser abordados y comprendidos claramente ya que ellos nos ilustrarán sobre la necesidad de estimular al niño hacia la prevención de problemas relacionados con su desarrollo. ✪

Casos

▷ **Un sistema sensorial puede desarrollarse únicamente si se expone a las fuerzas que activan sus receptores, por ejemplo:**

1. **Para activar el sistema visual debe haber luz y movimiento, de esta manera, el bebé podrá desarrollar las conexiones necesarias para la percepción visual.**

2. **Variados sonidos se constituyen en modalidades diversas para que el sistema auditivo se desarrolle.**

3. **El movimiento posibilita el estímulo del sistema vestibular, el mantenimiento de la postura corporal y el afianzamiento del equilibrio.**

Capítulo 3

La motivación en las emociones, sensaciones y percepciones

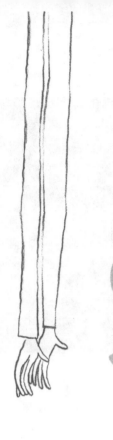

S La sensación, proceso crucial

e refiere a experiencias básicas de relación entre el individuo —niño, adolescente o adulto— y el medio ambiente. Tanto la sensación como la percepción son procesos íntimamente ligados a la función de los receptores. La llegada de la información a éstos provoca la sensación y su posterior análisis, que llevará a la percepción.

El conocimiento que cada individuo tiene de sí mismo y del mundo exterior en el que está comprometido, así como el reconocimiento que pueda hacer de todo esto, se debe a una gran cantidad de información sensorial captada por los sentidos del tacto, gusto, olfato, visión y audición. Dichas informaciones sensoriales son las que permiten la elaboración de planeamientos para dar respuestas adecuadas a los interrogantes de la vida diaria y, así, facilitar la formación de estructuras que pasan a constituir la experiencia del individuo.

Conformación de los nervios

EL IMPULSO NERVIOSO VIAJA A TRAVÉS DE LOS NERVIOS HACIA LA MÉDULA ESPINAL PARA SER TRANSMITIDO AL CEREBRO. LAS RESPUESTAS SENSORIALES SE DESARROLLAN DE ACUERDO CON PROCESOS DE ESTIMULACIÓN E INHIBICIÓN O FRENO. ASÍ, SON DOS LOS TIPOS DE NERVIOS QUE ACTÚAN:

1. **Nervios sensitivos:** SON LOS ENCARGADOS DE INFORMAR AL CEREBRO. SON EN REALIDAD NUESTRO 'SISTEMA SENSORIAL'.

2. **Nervios motores:** CAPTAN EL MENSAJE CEREBRAL Y REALIZAN LA ACCIÓN. CONFORMAN NUESTRO SISTEMA MOTOR.

Conformación de los nervios

¿Cómo nos llegan las sensaciones?

Los sistemas sensoriales tienen caminos semejantes que se activan ante los diferentes estímulos que percibimos a través del sistema nervioso central. Cuando una parte del cuerpo entra en contacto con un objeto –por ejemplo, tocar algo caliente–, los receptores de la piel, es decir, el sistema táctil, entran en contacto y desencadenan una corriente eléctrica, denominada impulso nervioso.

La percepción

Es la construcción de la imagen mental y no sólo registra los estímulos mediante la reflexión de la luz, las ondas luminosas, las ondas sonoras, sino que responde con una sensación frente al frío, el calor o el dolor, puesto que el cerebro no es únicamente una máquina registradora, también incluye su interpretación.

Mediante las fases de adquisición del conocimiento, es posible deducir las etapas de la percepción y concebir la relación entre percepción, conocimiento y lenguaje, a lo largo de todo el desarrollo del individuo.

La percepción comprende la noción de esquema corporal, espacio, tiempo, análisis, síntesis, figura y fondo. Así mismo, las posibilidades de concepto y abstracción, existiendo en cada uno de estos fundamentos una total independencia. Por lo tanto, la percepción es la interpretación del estímulo y su representación interna.

Si les decimos a varios niños que pinten el mismo paisaje, cada uno de ellos pintará un cuadro diferente, porque lo percibirá de una manera distinta y lo interpretará a su manera plasmando en el papel lo que cada uno ve en ese paisaje. Por lo tanto, no percibimos sólo con un órgano sino que cada fenómeno es registrado por los sentidos y la más ligera desviación en cada uno puede dar lugar a considerables variaciones.

Ahora bien, puede ser que no se les muestre el paisaje modelo, pero que se les describa y se les suministre el material. Cada uno generará un resultado según el conocimiento que tenga del material y la interpretación que haga de la descripción. Entonces, la percepción puede dar lugar a una interpretación de lo desconocido basada en la propia experiencia. Esto nos explica porqué el mismo estímulo puede producir distintos tipos de percepción en personas diferentes, teniendo en cuenta las experiencias propias de cada uno. Por ejemplo: una escena de una comida, para una persona puede ser agradable, mientras para otra puede ser desagradable. En este aspecto tiene mucha influencia la motivación positiva o negativa para generar las respuestas.

La percepción del niño es global y confusa

EL PROYECTO CERO DE LA UNIVERSIDAD DE HARVARD, DIRIGIDO POR HOWARD GARDNER, ANALIZÓ DOS PROBLEMAS PRIMORDIALES:

1. **Las respuestas en niños entre 2 y 5 años frente a un televisor:** AQUÍ ENCONTRÓ QUE HASTA LOS 4 Ó 5 AÑOS EL NIÑO NO COMPRENDE LO QUE PRESENTAN EN LOS PROGRAMAS DE TELEVISIÓN, PUESTO QUE ÉSTA EXISTE EN UN MUNDO SEPARADO DE SU ESPACIO VITAL INMEDIATO.

2. **El segundo problema que captó fue de índole narrativa:** EN NIÑOS DE 1 A 2 AÑOS, EL TELEVISOR PRESENTA UNA CANTIDAD DE IMÁGENES ENTRELAZADAS, MOTIVO POR EL CUAL EL NIÑO PREFIERE LOS COMERCIALES PUESTO QUE ACTÚAN MÁS COMO BOMBARDEO INSISTENTE DE IMÁGENES COLORIDAS, EXPLOSIVAS Y EN COMUNICACIÓN CON EL PEQUEÑO TELEVIDENTE. POCO A POCO EL NIÑO EMPIEZA A ENTENDER QUE LA TELEVISIÓN PRESENTA NARRACIONES QUE PUEDEN SER INTERRUMPIDAS POR AVISOS COMERCIALES.

La percepción del niño es global y confusa

Evolución del tacto y la urgencia del abrazo

En su proceso evolutivo, el hombre aprendió a desarrollar el uso de las herramientas y a medida que evolucionó, necesitó información más detallada de su piel para sentir y manipular las cosas en sus manos, lo que le permitió el manejo del mundo material y suplir sus necesidades. La demanda de esas habilidades causó la evolución de los tractos nerviosos que podían llevar información más precisa a las áreas de los hemisferios cerebrales que procesan esa información llegando a perfeccionarse cada día más.

Casos

- El estímulo mecánico consiste en la aplicación de una fuerza sobre la superficie que envuelve al cuerpo.

- Supóngase que tocamos una mesa con un dedo. En este proceso nuestro dedo ejerce una fuerza sobre la mesa. De acuerdo con la tercera ley de Newton sobre la mecánica, la mesa ejerce, a su vez, una fuerza sobre nuestro dedo que es un estímulo mecánico.

- La aplicación de una fuerza sobre la piel puede ocurrir de diversas maneras, por ejemplo, cuando sopla el viento sobre el cuerpo.

Para qué sirve el sistema táctil

El sistema cutáneo (piel) es el encargado de registrar la información externa relacionada con temperatura, dolor, textura o sensación táctil agradable, lo que nos permite tanto discriminar los estímulos del medio, como reaccionar a estos cuando son amenazantes. Así mismo, participa en el conocimiento del cuerpo y también en el desarrollo del

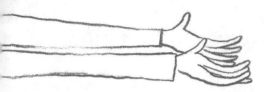

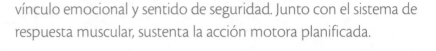

vínculo emocional y sentido de seguridad. Junto con el sistema de respuesta muscular, sustenta la acción motora planificada.

Cuando el sistema táctil no funciona adecuadamente se puede presentar recurrente distracción e hiperactividad así como torpeza motriz, dificultad para incursionar en el medio, desorganización, dificultad para construir y manipular materiales y herramientas, retraso en la adquisición de la independencia en actividades de la vida diaria, inestabilidad emocional y dificultad en las relaciones sociales.

Gestación y primera respuesta táctil

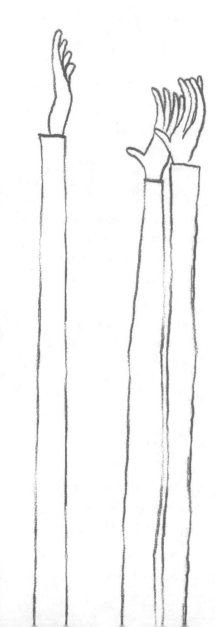

Desde la gestación y en el momento de nacer, el bebé necesita tener un contacto corporal con su madre o alguna otra persona, pues su cerebro debe interpretar correctamente las sensaciones de ese contacto para que entonces pueda formar su primer vínculo emocional. Arlos demostró que ese vínculo emocional es principalmente de naturaleza táctil. Algunas personas han llamado a ese vínculo táctil emocional 'el vínculo madre-hijo', el cual proporciona al recién nacido los sentimientos de sí mismo como un cuerpo físico. La piel es el límite de su ser y por esto el procesamiento táctil es una fuente de seguridad para el bebé, lo cual es demostrable en niños carentes de estimulación.

Tocar y ser tocado a través de diferentes texturas es de gran importancia para el niño, pues serán estímulos determinantes que influirán en toda su vida. Las sensaciones táctiles le ayudan a succionar y más adelante a masticar, pasar o deglutir los alimentos. Los bebés con insuficiente funcionamiento del tacto llegan a tener dificultades para succionar y es posible que más adelante rechacen muchos alimentos por sus texturas.

¿Cómo saber si el niño presenta deficiencias en el sistema táctil?

Los niños que evidencian hipersensibilidad o hiposensibilidad táctil frente al contacto a través de diferentes texturas, son niños que aunque la madre los abrace y acaricie no pueden satisfacer sus necesidades; una integración sensorial insuficiente interfiere con el procesamiento de las sensaciones del tacto. Si este primer vínculo no se completa, posteriormente será más difícil formar vínculos emocionales en la vida, pues sin la seguridad táctil que nos proporciona el vínculo madre-hijo, al crecer el individuo tiene menos seguridad emocional.

Frecuentemente a los niños con desórdenes táctiles se les dificulta ser afectuosos, aunque necesitan el afecto, incluso más que un niño normal, reaccionan excesivamente a las exigencias de la vida diaria y seguramente se les dificultará hacer cosas solos.

Si un niño exhibe con frecuencia y en forma consistente varias de las siguientes reacciones, entonces está exhibiendo una defensa táctil. Si estas conductas se observan junto con hiperactividad e incapacidad para concentrarse en una tarea, se trata de una inmadurez cerebral que requeriría de un trato especial.

Casos

Algunos síntomas que nos pueden decir qué le está afectando al niño en cuanto a sus estímulos son:

Evita que le rocen el rostro. Puede alejar su cabeza de los objetos que se encuentran cerca de su rostro. El lavado del mismo puede resultarle especialmente dificultoso.

Siente que el tacto durante la actividad dental es especialmente molesto.

Se siente muy angustiado cuando le cortan o lavan el cabello.

No le gusta que otras personas lo toquen, aun cuando sea en forma afectiva o amigable.

Si se toca al niño cuando se está vistiendo, puede provocarse una reacción negativa. Incluso cuando simplemente tratemos de arreglarle las medias.

Le disgusta que alguien lo bañe o que corten sus uñas.

Tiende a evitar el contacto físico con sus amigos, aun cuando le gusta hablar con ellos y relacionarse sin establecer contacto.

Tener personas cerca puede angustiarlo, aun cuando éstas no lo toquen.

Si se le acercan por detrás se siente más amenazado que los otros niños.

Con frecuencia prefiere una camisa de manga larga o un *sweter* aun cuando no siente frío.

Tiene una necesidad inusual de tocar o evitar el roce con ciertas texturas o superficies, tales como mantas, alfombras, juguetes de peluche.

Es sensible a ciertas texturas y evita usar ropa que las contenga.

No le gusta colocar sus manos sobre la arena, pinturas, pastas o materiales similares.

Durante la etapa de bebé, se sentía muy incómodo cuando se le limpiaba su nariz u oídos. ✪

Capítulo 4

El sistema de las acciones y sus sensaciones

Desarrollemos armonía y plasticidad en sus movimientos

El sistema que nos lleva a accionar los movimientos al tiempo que los sentimos pero no somos enteramente conscientes de que los estamos ejecutando se denomina 'propiocepción'.

Por ejemplo: me siento en una silla y experimento la sensación de que voy a caer hacia el lado derecho, así que me incorporo y me corro al centro; o bien, doblo la pierna y me siento sobre ella durante el lapso de tiempo que la sensación de comodidad me lo indique, luego la sensación me dirá que mi peso está ejerciendo demasiada presión sobre la pierna, provocándome dolor o me está generando un cosquilleo de calambre, así que modifico mi posición sin tener que dejar de hablar o de pensar en el asunto que me ocupa, etc. Esta orden va por la médula espinal hacia el tallo cerebral y el cerebro, y parte de ella llega a los hemisferios cerebrales. Casi toda la entrada propioceptiva se procesa en regiones del cerebro que no producen un estado de conciencia, por lo cual rara vez notamos las sensaciones de los músculos y de las articulaciones a menos que hagamos conscientes nuestros movimientos.

Para entender mejor la 'propiocepción'

ESTE SISTEMA ES TAN GRANDE COMO EL TÁCTIL. ES AQUEL QUE NOS PROPORCIONA INFORMA-CIÓN SOBRE EL FUNCIONAMIENTO ARMÓNICO DE MÚSCULOS, TENDONES Y ARTICULACIONES Y PARTICIPA REGULANDO LA DIRECCIÓN Y RANGO DE NUESTROS MOVIMIENTOS. DE IGUAL MANE-RA, PERMITE REACCIONES Y RESPUESTAS AUTOMÁTICAS, IMPORTANTES PARA LA SOBREVIVENCIA; INTERVIENE EN EL DESARROLLO DEL ESQUEMA CORPORAL Y EN SU RELACIÓN CON EL ESPACIO Y SUSTENTA LA ACCIÓN MOTORA PLANIFICADA.

EL TÉRMINO VIENE DE LA PALABRA LATINA *PROPIUS*, QUE SIGNIFICA "PERTENECIENTE A UNO MISMO". LAS SENSACIONES DEL PROPIO CUERPO OCURREN ESPECIALMENTE DURANTE EL MOVIMIENTO, PERO TAMBIÉN CUANDO ESTAMOS QUIETOS, PUES LOS MÚSCULOS Y LAS ARTICULACIONES CONSTANTE-MENTE MANDAN INFORMACIÓN AL CEREBRO PARA DECIRNOS ACERCA DE NUESTRA POSICIÓN.

EN SÍNTESIS, LA PROPIOCEPCIÓN ES LA INFORMACIÓN SENSORIAL CAUSADA POR LA CONTRAC-CIÓN Y EL ESTIRAMIENTO DE LOS MÚSCULOS AL DOBLAR, ENDEREZAR, JALAR Y COMPRIMIR LAS ARTICULACIONES QUE SE ENCUENTRAN ENTRE LOS HUESOS. LAS MEMBRANAS QUE CUBREN LOS HUESOS TAMBIÉN TIENEN PROPIOCEPTORES.

Para entender mejor la 'propiocepción'

El movimiento del bebé

A la edad de un mes el bebé se acomoda en los brazos y cuerpo de la persona que lo carga. Siente cómo hacerlo por medio de sus músculos y articulaciones. Más adelante sus músculos le dirán cómo usar una cuchara y un tenedor o cómo trepar. El niño debe practicar y organizar numerosos movimientos para desarro-llar las habilidades de un adulto, de manera que en los primeros meses de vida debe hacer movimientos que parecen casuales y que más adelante se organizarán adecuadamente.

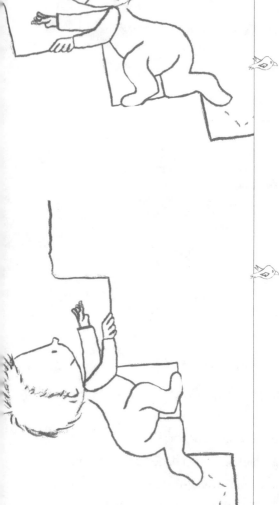

Si no contáramos con la totalidad del sistema propioceptivo, nuestros movimientos serían lentos, torpes y requerirían de mayor esfuerzo.

Al estar acostado sobre su espalda, el pequeño agita las piernas y brazos, cuando está bocabajo hace movimientos tratando de desplazarse. Estos movimientos ocurren porque las sensaciones de sus músculos, articulaciones y de su oído interno estimulan el sistema nervioso para que se lleve a cabo. Mientras tanto, el oído interno le ayuda a organizar estas sensaciones y movimientos.

Si, por ejemplo, la propiocepción de las manos es pobre, resultaría difícil abotonarse la ropa, recordar hacia qué lado se abre un frasco o una llave. Si la propiocepción de las piernas es pobre sería difícil subir o bajar escaleras, trepar o practicar algún deporte. Tendríamos que apoyarnos en la ayuda visual, viendo muy de cerca lo que nuestro cuerpo hace. Es lo que observamos en los niños con poca propiocepción, quienes necesitan ayuda visual constante para llevar a cabo sus actividades de la vida diaria.

Las sensaciones de los músculos y las articulaciones también le dicen al cerebro cuándo la cabeza está volteando hacia un lado. Esto activa una reacción conocida como reflejo tónico del cuello, el cual hace que el brazo de ese lado tienda a extenderse o enderezarse, mientras que el otro brazo tiende a doblarse a la altura del codo. En las primeras semanas este reflejo tiene una función importante para determinar los movimientos de los brazos, por lo que cuando el bebé está acostado boca arriba, se ve con frecuencia el brazo extendido, mientras el otro está doblado. Aunque el reflejo tónico del cuello influye en el tono muscular de nuestros brazos para el resto de nuestra vida, su influencia es insignificante a los seis años, aproximadamente. Cuando un niño falla en integración sensorial, este reflejo es sobreactivado.

Consecuencias en la alteración del control de movimiento

La disfunción de este sistema se expresa en alteración motriz, dificultad para mantener cabeza y cuerpo erguidos, realizar actividades con ambas manos y manejar herramientas. También se observa inquietud postural, rigidez de tronco y ausencia de noción de peligro.

Otras funciones en las que actúa con más autonomía son: el control del equilibrio, la coordinación de ambos lados del cuerpo, la conservación del nivel de alerta del sistema nervioso central y la influencia en el desarrollo emocional y del comportamiento.

Pasos hacia el equilibrio

Los antepasados del hombre vivieron en los árboles, donde la vista y el oído eran muy importantes para encontrar el alimento y evadir a otros animales. Es, entonces, cuando los sistemas visual y auditivo inician su desarrollo. Mientras tanto, los sistemas vestibular y propioceptivo siguieron evolucionando para trepar y balancearse por las ramas. La vida en los árboles llevó a muchas respuestas adaptativas importantes y, a su vez, hacia la integración sensorial.

A medida que el Homo sapiens evolucionó, logró cruzar la línea media del cuerpo (tomar objetos con la mano dominante en el lado contrario) y ese adelanto le permitió jalar, empujar, recoger cosas, cargar, golpear y colgarse. De igual manera, la mano evolucionó y mandó al cerebro sensaciones más precisas. Aprendió a usar herramientas primitivas. Este proceso le permite a los humanos una agilidad en sus respuestas al integrar los dos hemisferios cerebrales.

Las sensaciones de la mano al manipular objetos, causaron la evolución de grandes áreas de la corteza cerebral para procesar esas sensaciones y dirigir habilidades manuales más complejas. Después de muchos años se desarrolló en el hombre el uso del pulgar para oponerse a los demás dedos, lo cual contribuyó al desarrollo de la tecnología, el aumento de entrada sensorial y de habilidades para formar respuestas adaptativas más complejas, generando así, la evolución de la corteza sensorial y motora.

¿Para qué sirve el sistema vestibular?

Responde a los movimientos del cuerpo a través del espacio y los cambios de posición de la cabeza. En conjunto con el sistema propioceptivo, mantiene el tono muscular, coordina automáticamente el movimiento de los ojos, cabeza y cuerpo, proporcionando un campo visual estable. Igualmente es fundamental en la percepción del espacio y la orientación del cuerpo en relación con éste.

El sistema vestibular empieza a operar casi a las nueve semanas de la concepción y produce respuestas adaptativas a la entrada vestibular provenientes de los movimientos del cuerpo de la madre.

Los músculos de los ojos y del cuello tienen una función importante en la organización del sistema vestibular. Las respuestas de los músculos de los ojos y del cuello están entre las primeras funciones sensorial-motoras del bebé y sientan la base para un desarrollo sensorial-motor en el cuerpo.

Funciones del sistema vestibular

1. RESPONDE A LOS CAMBIOS DE POSICIÓN Y GRAVITACIÓN.
2. INFORMA SOBRE LA POSICIÓN DEL CUERPO EN EL ESPACIO.
3. MODELA LOS MOVIMIENTOS DEL CUERPO Y DE LOS OJOS.
4. CONTROLA EL TONO MUSCULAR Y EL EQUILIBRIO (RIGIDEZ O FLACIDEZ DE LOS MÚSCULOS).

Funciones del sistema vestibular

Casos

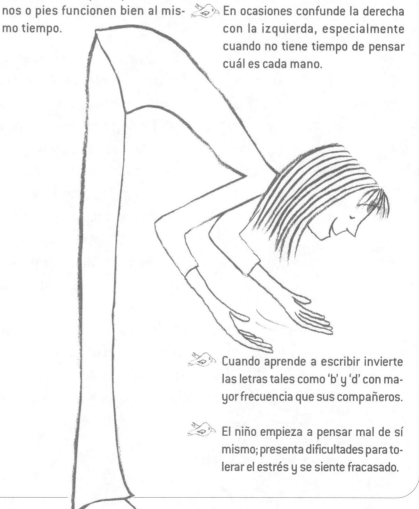

No puede mantener su cabeza en una posición estable cuando alguien intenta moverlo en cualquier dirección.

Entre las consecuencias en la alteración del sistema vestibular, las más representativas son:

Tiene dificultad para que sus manos o pies funcionen bien al mismo tiempo.

No tiene dominio manual adecuado, puede considerárselo ambidiestro, pero por lo general no tiene habilidad con ninguna mano.

El niño aparenta ser normal, saludable e inteligente pero tiene problemas para aprender matemáticas o para leer.

En ocasiones confunde la derecha con la izquierda, especialmente cuando no tiene tiempo de pensar cuál es cada mano.

No disfruta ningún deporte. El arrojar o atrapar una pelota puede resultarle muy difícil.

Los movimientos amplios son torpes. El niño se tropieza y se cae con mayor frecuencia que otros niños a su edad y en ocasiones no intenta agarrarse para evitar su caída.

Cuando se trata de ayudar al niño a mantener el equilibrio sobre una superficie angosta puede observarse que se siente al niño pesado, como "una bolsa de papas".

Cuando aprende a escribir invierte las letras tales como 'b' y 'd' con mayor frecuencia que sus compañeros.

Cuando el niño yace sobre su estómago, no puede levantar su cabeza, brazos y piernas al mismo tiempo.

El niño empieza a pensar mal de sí mismo; presenta dificultades para tolerar el estrés y se siente fracasado.

Cómo reconocer los síntomas de inseguridad gravitacional en el niño

No todos los síntomas se observan en un solo niño, pero además, es posible que algunos de estos síntomas se encuentren presentes en niños que no padecen déficit en integración sensorial.

✍ Cuando sus pies se despegan del suelo el niño se torna ansioso y lucha por mantenerlos en el piso. Puede cooperar si lo ayuda alguien en quien confía. Siente un temor irracional a caerse o a las alturas.

✍ Le disgusta tener la cabeza hacia abajo, como en los saltos mortales, vuelta canela, etc.

✍ Evita saltar de una superficie alta a una más baja.

✍ Aprender a subir o bajar escaleras puede demandarle mucho tiempo y emplea la baranda con mayor frecuencia que los otros niños.

✍ Evita trepar, aun cuando puede sostenerse con ambas manos.

✍ Tiene miedo de caminar sobre una superficie elevada, le parece demasiado alta, aunque no lo sea para los demás.

✍ Siente que va a perder el equilibrio cuando lo hacen girar.

✍ El niño aparenta juzgar el espacio en forma inadecuada, aunque en realidad su problema consiste en que no puede manejar movimientos dentro de ese espacio.

✍ Se siente alarmado si se lo empuja bruscamente hacia atrás mientras está sentado. ✪

Capítulo 5

Motivación en el desarrollo de sus sentidos

E

El sistema visual y la convicción de lo que ve

l acto de ver es simple. Empleamos 300 milisegundos en interpretar lo que estamos viendo. Pero para hacerlo, necesitamos de muchas áreas cerebrales involucradas en nuestras sensaciones. Por lo tanto, la visión es un acto complejo que lleva a cabo nuestro cerebro, el cual requiere también de la memoria, facultad humana que nos permite recordar y evocar ideas o impresiones aun en la ausencia del objeto y de recurrir a una información previamente almacenada.

¿Cómo vemos?

Si estamos en un ambiente oscuro, la pupila se agranda. Si hay luz muy fuerte, la pupila es pequeña. Si miramos cerca, la pupila se contrae, si miramos lejos, la pupila se dilata. Ello se da debido a que los objetos y el espacio emiten la luz u onda electromagnética que atraviesa la córnea reguladora de la cantidad de luz entrante en el ojo, modificando la forma de la lente que está inmediatamente atrás de éste. Dicho esfínter se vuelve grande o pequeño para realizar su función.

El papel de la atención en la formación de la imagen visual

La conciencia de los ojos

DENTRO DE ALGUNOS AÑOS, SIN TRATARSE DE CIENCIA FIC-
CIÓN, PODREMOS ANALIZAR LA CORTEZA VISUAL DE UN IN-
DIVIDUO MUERTO EN FORMA VIOLENTA Y DESCUBRIR EL RE-
TRATO DE LA ÚLTIMA IMAGEN QUE CAPTÓ SU CEREBRO,
DEVELANDO AL ASESINO, SIN NECESIDAD DE RECURRIR AL
ADN DE CÉLULAS MINÚSCULAS DEJADAS EN LA ESCENA DEL
CRIMEN. ELLO SERÁ POSIBLE NO SÓLO POR EL AVANCE TEC-
NOLÓGICO, SINO PORQUE LA IMAGEN QUE NOS LLEGA A LA
CORTEZA VISUAL ESTÁ INVERTIDA DESDE QUE PASA POR LA
LENTE DEL OJO Y CORRESPONDE A LA IMAGEN DE LA ESCENA
VISTA POR LOS DOS OJOS. ESTA IMAGEN TIENE UNA REPRE-
SENTACIÓN EXACTA DE LA IMAGEN CAPTADA POR LA RETI-
NA, AUNQUE EL ÁREA CENTRAL TIENE UNA MEJOR REPRESEN-
TACIÓN Y LA PERIFÉRICA PRESENTA CIERTA DISTORSIÓN.

La conciencia de los ojos

La atención es la que hace que podamos asociar todo lo relacionado con un
objeto o imagen y encausarlo en parale-
lo. La atención actúa en muchos lugares
de la vía visual y todo lo captado por ella
es procesado; por ejemplo: una manza-
na es asociada con su aroma, forma, color, textura, sabor y utilidad.

La atención actúa para ayudarnos en la
orientación hacia el estímulo. Nos ayuda
a localizar un objeto en el espacio. Gracias a la atención podemos registrar en
nuestra memoria la información relativa
al objeto. La vigilia y la alerta son grandes
aliadas de la atención, ya que sin ellas no
podríamos llevar a cabo nuestro proceso.

Las capacidades de percepción y movimiento no son innatas

A lo largo de la vida el pequeño desarrolla destrezas en los procesamientos del habla, del movimiento, de la visión, de la audición, del gusto, del tacto, aprender a seleccionar, a caminar, a darle patadas a un balón, a dar botes, a dibujar la realidad, etc.

Para que el cerebro pueda analizar y procesar esta experiencia sensorial, la experiencia por ella misma debe ser estimulada y potenciada a partir del entorno como lo fue para Mozart o Beethoven su experiencia musical desde la cuna, por ejemplo. Sin embargo, no se puede desconocer que llegamos al mundo con una dotación genética.

Este ejercicio con el tiempo refuerza las vías que se están estableciendo y deja caer en desuso otras menos importantes o que no son explotadas.

¿Por qué hay un momento justo para el bebé?

Al salir del útero, lo primero que ve el bebé es la luz y ésta desencadena unos mecanismos que nunca van a detenerse. En el momento de nacer, el terreno neurológico donde se va a procesar la información ya existe, pero sin la experiencia y sin la maduración para llevar a cabo una función óptima.

La motivación, base del desarrollo

ES IMPORTANTE CONOCER EL DESARROLLO DE CADA UNO DE ESTOS SISTEMAS, PUES ES LA BASE PARA QUE LOS PADRES, LOS PROFESORES Y LOS ADULTOS QUE TIENEN CONTACTO CON EL NIÑO, PUEDAN ENTENDER LOS PROCESOS Y MOTIVARSE PARA ESTIMULAR DE MANERA ADECUADA SU DESARROLLO.

La motivación, base del desarrollo

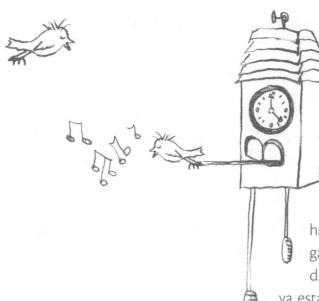

No todos los momentos son aptos para interactuar de una forma específica con un bebé. No siempre el estímulo que damos puede ser interpretado por él y podemos perder el esfuerzo. No siempre tenemos los elementos para saber si el bebé está percibiendo el estímulo o no.

Ahora bien, después de que el cerebro ha logrado un cierto desarrollo, lo que hagamos tampoco va a producir ninguna modificación pero sí un refuerzo, pues la huella ya está impresa, es decir, ya se han activado los módulos de percepción visual, o lo que se denomina plasticidad cerebral.

Casos

El bebé que no recibe estímulo de movimiento en los primeros meses, es probable que no desarrollo el seguimiento visual apropiado para el proceso lector.

Los bebés que no reciben estímulos visuales en los primeros meses pueden presentar problemas con la acción de los dos ojos en simultáneo, es decir, bifocalidad, y no perciben la tridimensionalidad.

Los niños que no tienen oportunidad de desplazarse o manejar ambientes amplios tienen dificultades con el manejo de la visoespacialidad; por ejemplo, no manejan las distancias para jugar pelota o, posteriormente, no están en capacidad de conducir un carro.

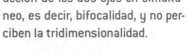
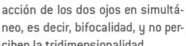
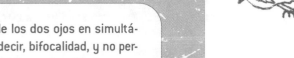

Lo primero que percibe el bebé

La primera experiencia visual es la luz. Durante los dos primeros meses, sólo la vía periférica tiene conexiones importantes. Para comprobarlo, movamos el rostro de la periferia hacia el centro. El bebé nos seguirá de forma inconsciente y nos verá mejor si nos colocamos desde afuera hacia adentro en su campo visual. Aún existen discusiones científicas acerca de si a esta edad el bebé sabe qué está viendo.

Los movimientos que hace el bebé para seguir nuestro rostro son bastante torpes, a manera de pequeños brincos. Para moverlos de forma consecutiva y precisa, deberá transcurrir un tiempo de ejercicio motivado, cuya experiencia desarrollará las conexiones con otros lóbulos cerebrales.

2 meses
La magia de los rostros y el movimiento

 HACIA LOS DOS MESES DE VIDA, LA INFORMACIÓN VISUAL ESTABLECE CONTACTO CON LA CORTEZA VISUAL. EL BEBÉ AÚN NO SABE LO QUE ESTÁ MIRANDO, PERO PERCIBE EL MOVIMIENTO Y LOS ALTOS CONTRASTES, DE MANERA QUE SE MUESTRA MUY SENSIBLE A LOS CAMBIOS DE LUZ, Y ÉSTA ES LA RAZÓN POR LA CUAL SE DICE QUE LOS ESTÍMULOS VISUALES A ESTA EDAD DEBEN SER EN BLANCO Y NEGRO. PARA ELLO ES ACONSEJABLE SUMINISTRARLE OBJETOS Y MÓVILES EN BLANCO Y NEGRO.

LAS CARAS Y EL MOVIMIENTO, SIN EMBARGO, SERÁ LO QUE EL NIÑO PERCIBA MEJOR EN ESTE MOMENTO, AL IGUAL QUE EN LA ETAPA ANTERIOR. EN ESTE PERÍODO LA VISIÓN ES MUY DESENFOCADA. PODEMOS DECIR QUE ES APENAS SUFICIENTE PARA VER EL ROSTRO, ESTO ES, UN DIEZ A VEINTE POR CIENTO DE LA CAPACIDAD QUE OBTENDRÁ CUANDO EL DESARROLLO HAYA CULMINADO.

 ES TAMBIÉN POR ESTA RAZÓN, QUE LOS NIÑOS RECIÉN NACIDOS CUANDO ESTÁN EN PERÍODOS DE ALERTA SON CAPACES DE SEGUIR UN MÓVIL Y QUEDARSE MIRÁNDOLO DURANTE LARGO TIEMPO. SI COLOCAMOS UN OBJETO ESTÁTICO FRENTE AL BEBÉ, VEREMOS QUE ES IGNORADO POR ÉL.

 DURANTE ESTE PERÍODO, LOS CONOS RESPONSABLES DE LA VISIÓN DEL DETALLE Y DEL COLOR HAN IDO MIGRANDO HACIA EL CENTRO DE LA RETINA. YA EMPIEZAN A PERCIBIR EL AMARILLO, EL ROJO Y EL AZUL. LA VISIÓN DEL DETALLE EMPIEZA A MEJORAR.

3 meses
Escogiendo su primer objeto

EN ESTA ETAPA, LO MÁS PROBABLE ES QUE EL BEBÉ EMPIECE A COMPRENDER QUÉ ES Y DÓNDE SE HALLA LO QUE ESTÁ VIENDO, YA QUE APARECE LA CONEXIÓN QUE PERMITE VER TODO EL CAMPO VISUAL. ES CAPAZ DE ANTICIPARSE AL MOVIMIENTO DE UN OBJETO Y TRAZAR SU CURSO DE UNA FORMA MÁS PRECISA. NOS SIGUE ADECUADAMENTE CON SUS OJOS Y CON SU CABEZA. INTENTA DIRIGIRSE A LOS OBJETOS CON LA MANO, SE MIRA LAS MANOS E INTERACTÚA CON EL MUNDO QUE LO RODEA. ESTA VÍA ESTABLECE CONEXIONES CON LOS OTROS LÓBULOS CEREBRALES Y LE PERMITE AL FINAL DE ESTE PERÍODO, LLEVAR SU ATENCIÓN HACIA UN OBJETO NUEVO EN EL CAMPO VISUAL.

LA CAPACIDAD DE MIRAR UN NUEVO OBJETO CON ATENCIÓN ES VITAL. HASTA ESTE MOMENTO, EL BEBÉ NO ES CAPAZ DE DESPRENDERSE DEL OBJETO QUE ESTÁ MIRANDO. ES ALGO COMO IMAGINARNOS SI NO PUDIÉRAMOS MIRAR HACIA UN NUEVO LUGAR DE ATENCIÓN EN EL CAMPO PORQUE LOS OJOS ESTÁN FIJOS EN EL OBJETO OBSERVADO. SERÍA UNA LIMITACIÓN ENORME PARA NUESTRO APRENDIZAJE PARA LA LIBRE MOVILIZACIÓN EN EL ESPACIO Y PARA DESARROLLAR NUESTROS GUSTOS Y PREFERENCIAS.

EN ESTA FASE APARECE EL MECANISMO POR EL CUAL EL PEQUEÑO PODRÁ INSPECCIONAR LIBREMENTE EL ESPACIO QUE TIENE ENFRENTE, SIN PROCESAR UNA Y OTRA VEZ LA MISMA INFORMACIÓN, Y ESCOGER DEL CAMPO LO QUE LE INTERESA. ESTE MECANISMO TAMBIÉN LE PERMITE CAMBIAR RÁPIDAMENTE EL FOCO SOBRE UN OBJETO E INSPECCIONARLO PARA SABER DE QUÉ SE TRATA CUANDO NO TIENE LA SUFICIENTE INFORMACIÓN SOBRE ÉSTE. ADEMÁS, LE PERMITE DIFERENCIAR UNOS OBJETOS DE OTROS AL TENER LA CAPACIDAD DE ESCOGER LO QUE LE LLAMA LA ATENCIÓN.

LA EXPERIENCIA VISUAL A PARTIR DE LA MOTIVACIÓN EJERCIDA DURANTE ESTOS MOMENTOS CRÍTICOS ES FUNDAMENTAL.

4 meses
Él elige y entiende su mundo

EN ESTE MOMENTO EL BEBÉ ESTÁ CAPACITADO PARA LLEVAR SUS OJOS AL LUGAR QUE DESEE EN UN MOVIMIENTO SUAVE Y CONTROLADO.

GRACIAS A ESTE DESARROLLO FÍSICO, COMIENZA A ADQUIRIR CAPACIDADES PARA ENTENDER EL MUNDO EN EL CUAL VIVE.

LA ÚLTIMA VÍA QUE DESARROLLARÁ MÁS ALLÁ DEL CUARTO MES ES LA QUE CONTROLA Y REGULA LOS MOVIMIENTOS OCULARES. ES LA RESPONSABLE DE LOS MECANISMOS CEREBRALES AUTOMÁTICOS Y CONSCIENTES E INTEGRA TODO EL SISTEMA CON LOS LÓBULOS PARIETAL, TEMPORAL Y FRONTAL.

¿Por qué escribir con el lápiz en lugar de comerlo?

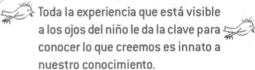

Son las leyes físicas del movimiento las que nos van a enseñar acerca de lo que vemos. Ejemplo: no traspasamos las paredes ni ocupamos el lugar de la silla; nos sentamos sobre la silla. Una silla rígida en la cual nos sentamos no cambia de forma. Quizás una de agua o rellena de espuma lo haga. La ley física corresponde al hecho de que los objetos mantengan su forma y estado aunque se muevan o sean desplazados por alguien. Un juguete conserva sus límites físicos y su forma. Ninguna 'cosa' puede ocupar el espacio que otra está ocupando.

Casos

 Toda la experiencia que está visible a los ojos del niño le da la clave para conocer lo que creemos es innato a nuestro conocimiento.

La observación permite establecer diferencias entre un objeto deformable y uno rígido, entre uno que se mueve por sí mismo y uno que hay que mover. La observación de un objeto se modifica cuando éste se acerca o se aleja, estableciendo una clara percepción de lo que es el objeto y lo que es el fondo y superficie donde se halla el objeto. Los objetos son distintos y se distinguen del fondo si están separados o van a separarse por el movimiento.

El hecho de que nos quitemos una prenda de vestir nos hace distintos de la prenda. El desenroscar la tapa de un tetero para vaciar su contenido hace distinta a la tapa del frasco y del fondo. Bajarnos de un automóvil, gracias al movimiento, nos hace diferentes de éste.

Mirando los objetos que se acercan y se alejan, el pequeño desarrolla las capacidades musculares de enfocar cerca y lejos en el espacio con una precisión y rapidez increíbles. El movimiento de sus ojos será acorde con la posición del objeto en el espacio: lleva los ojos a una posición paralela cuando mira al infinito y a una posición de convergencia cuando mira de cerca, tan cerca como la nariz. Adquiere destrezas en el movimiento de los ojos en el espacio.

Gracias al movimiento del objeto que se acerca o se aleja del propio cuerpo, el niño construye una idea simple acerca del tamaño del objeto.

El conocimiento del tamaño

La concepción del tamaño de los objetos es desarrollada por el bebé gracias al movimiento y a la dinámica de comparación con el propio cuerpo.

Ejemplo. UNA PELOTA SE ACERCA Y SE VUELVE GRANDE; UNA PELOTA SE ALEJA Y SE VUELVE PEQUEÑA. EL NIÑO ESTABLECE PROGRESIVAMENTE LA DIFERENCIACIÓN DE LOS TAMAÑOS A PARTIR DE SU PROPIA EXPERIENCIA COMPARATIVA.

Ejemplo. CUANDO VE UNA FOTOGRAFÍA DE UN GRUPO DE PIEDRAS, SOLAMENTE PIEDRAS, NO LE SERÁ POSIBLE EJERCER COMPARACIÓN Y ESTABLECER EL TAMAÑO DE CADA UNA, NO SABRÁ SI SE TRATA DE UN GRUPO DE PEQUEÑAS PIEDRAS FOTOGRAFIADAS DE CERCA O LO CONTRARIO.

El conocimiento de las distancias

El bebé aprende a estimar las distancias que existen entre los objetos en relación con su posición en el espacio.

Ejemplo. SI EL BEBÉ SE ARRASTRA POR EL PISO, PUEDE APRENDER A CALCULAR EL TAMAÑO DE LA SILLA O DE LA MESA EN RELACIÓN CON SU PROPIO CUERPO. A LA VEZ, SI VA A PASAR POR DEBAJO, COMIENZA A MEDIR LA FUERZA QUE DEBEN EJERCER SUS MÚSCULOS PARA AGACHARSE AL TAMAÑO DE LA SILLA, DE FORMA QUE NO OCUPE EL ESPACIO DEL ASIENTO, MUCHAS VECES SIN QUE LO LOGRE, Y ES CUANDO LO VEMOS LLORAR PORQUE TROPEZÓ.

El conocimiento de las formas

Desarrolla la destreza de reconocer formas y colocarlas en la misma dirección para que puedan ser introducidas en recipientes o ubicadas coherentemente. Aprende que el objeto no se mete por sí mismo dentro del tarro sino que hay que moverlo hasta allí. Está conociendo las formas básicas y registrándolas para luego reconocerlas.

Ejemplo. EL BEBÉ APRENDE QUE LA PELOTA ES DE FORMA REDONDA Y RUEDA POR EL PISO. ES DISTINTA AL TRIÁNGULO DE PLÁSTICO QUE NO SE DESLIZA CON LA MISMA FACILIDAD. JUEGA A METER LOS OBJETOS DENTRO DE UN RECIPIENTE CUYA TAPA SÓLO LE PERMITE INTRODUCIRLOS A TRAVÉS DE AGUJEROS DE LA MISMA FORMA. EL BEBÉ SE ARRASTRA HASTA COGER LA PELOTA Y ÉSTA SE LE ESCAPA FÁCILMENTE DE SUS MANOS.

Los objetos se mueven juntos si están en contacto

Por la ley del contacto y encadenamiento podemos enseñarle cómo los objetos se mueven juntos gracias a que están engranados o encadenados. Los gimnasios son ejemplo de ello, con sus ruedas que giran, triángulos que se pueden desplazar en sentido horizontal y vertical, ligado todo a un eje. Movemos un títere al ponerlo en contacto con nuestra mano; el brazo de una muñeca al desplazarlo sobre un pivote. Las llantas de los carros trasladan su cuerpo al girar sobre un eje.

Ese conocimiento es asumido por el pequeño aplicándolo a otros objetos, con lo cual va adquiriendo experiencia visual y destreza en el movimiento coordinado de sus ojos.

El niño descubre que las cosas existen aunque no las vea

Esta fase está relacionada con la persistencia de los objetos en el tiempo y en el espacio; es decir, trazan un camino exacto a través del tiempo y del espacio; persisten en el lugar o son llevados a otro lugar "en el tiempo".

Casos

El bebé observa un carro en movimiento y asume que éste persistirá en el tiempo y en el espacio aunque haya desaparecido de su espectro visual. Su mamá se desplaza pero él sigue contando con ella.

Durante la adultez esta ley cobra enorme importancia inconsciente, cuya aplicación advertimos cuando los magos desaparecen objetos delante de nuestros ojos, sin que hayamos podido ver la trayectoria que siguió el objeto en el espacio, gracias a la rapidez del movimiento de sus manos.

El bebé disfruta enormemente el juego maravilloso que efectúa el adulto cuando desaparece detrás de algo que lo oculte. El pequeño está empezando a comprender que a pesar de que el adulto no esté a la vista, sigue permaneciendo en el tiempo y en el espacio.

La máquina más veloz nunca creada

El cerebro sería poco eficaz si de un objeto en movimiento tuviera que memorizar todas las posiciones de sus partes. Sería entonces muy complicado procesar todos los movimientos de un hombre que da botes, o cualquiera de cada una de las nuevas posiciones logradas gracias a sus movimientos. Para esto el cerebro ideó los conceptos mágicos de "al lado de", "encima de" "dentro de", "debajo de", "en", "entre", "a la derecha de", "a la izquierda de", atributos todos que describen la ubicación y la permanencia de un objeto en el espacio y en el tiempo.

Cómo motivar el factor visual en el niño

⊙ Llevarlo a explorar el espacio que lo rodea, mostrándole las propiedades de los objetos que están a su alrededor.

⊙ Permitirle acercarse y tocar o tropezarse con una mesa, antes que pueda prevenirlo diciéndole "cuidado con la mesa que está encima de tu cabeza".

⊙ Evitar, mientras usted lanza una pelota, decirle: "coge la pelota que está a tu lado".

⊙ Buscar objetos que se comporten de una manera diferente para que él pueda deducir sus propiedades.

⊙ Sacarlo al parque a mirar los árboles con el movimiento de sus hojas.

⊙ Montarlo en los aparatos de gimnasios para que explore y mida los espacios y la fuerza que necesita emplear para realizar sus movimientos.

⊙ Permitirle tomar un papel con las manos, arrugarlo y dejar que haga ruido con éste.

◎ Depositar agua en un recipiente transparente para que observe su movimiento.

◎ Permitirle maravillarse de lo que ve y asombrarse con cada una de las cosas desconocidas para él.

◎ Establecer ejercicios de identificación relacionados con las formas, las cantidades, los volúmenes, la posición, la distancia, el movimiento, el intervalo y el tiempo. El niño asociará cada concepto con lo que se ha formado en su base de datos personal.

◎ Tener presente que en la medida en que el pequeño mide el tamaño de los objetos y de la distancia a la cual están de sus ojos, va formando memorias del entorno y desarrollando a la par la memoria del movimiento que le permite calcular las fuerzas para dirigirse a dichos objetos y levantar una pelota o un lápiz.

Incidencia del desarrollo visual en su rendimiento académico posterior

Especialmente en el mundo moderno, en donde los espacios son tan reducidos, la exploración del entorno se vuelve complicada. Pero es determinante tener presente que la relación del niño con la visión del espacio y el tiempo, establece las bases para las matemáticas, la lecto-escritura, el orden, la posición, las series, la dimensión del tiempo.

A El sistema auditivo y la certeza de lo que oye

demás de la audición, una de las funciones esenciales del sistema auditivo es la del control del balance, la coordinación y el tono muscular de los ojos.

Pero la audición cumple otras funciones, como la música y el habla. El oído nos da el placer de escuchar una melodía agradable y nos facilita a través del habla la comunicación entre la gente.

Helen Keller, quien era sorda, muda y ciega, afirmaba que era peor ser sorda que ciega, porque la ceguera nos aisla de las cosas, en tanto que la sordera nos margina y separa profundamente de la gente. No tener la capacidad para oír hablar a la gente genera un aislamiento que dificulta las relaciones con los demás. Un ejercicio muy práctico para apreciar la importancia de oír, es decir, saber qué sucede realmente, consiste en ver un drama de televisión con el volumen apagado. Nos sentimos sorprendidos debido a lo poco que logramos comprender del argumento, fuera de las acciones y quizás algunas emociones intensas. La audición nos permite el análisis de la intencionalidad en la comunicación.

Haciendo del sonido un estímulo físico

El sonido lo podemos definir, desde el punto de vista físico, como cambios rápidos de presión en el aire u otro medio. Ahora, si lo definimos desde el punto de vista de la percepción, el sonido se da como la experiencia de oír.

Un mecanismo que impide confundir el estímulo físico del sonido, es usar el término 'estímulo acústico' o 'estímulo sonoro' para referirnos a los cambios físicos de presión, y emplear 'sonidos' para nuestra experiencia de escuchar.

Nuestra percepción del sonido depende de las vibraciones de los objetos, pero no la percibimos directamente; captamos el efecto del objeto en el aire, el agua o cualquier otro medio elástico que nos rodee.

Cuando el volumen de un equipo de sonido es muy alto, las vibraciones pueden incluso pasar a través de las paredes del vecino. Basta sólo encender la radio y colocar las manos sobre la bocina para sentir las vibraciones, mecánica muy usual en personas con limitaciones auditivas, quienes suelen emplear estas técnicas para 'escuchar' la música. De hecho, estas personas logran el ritmo con ayuda de las vibraciones.

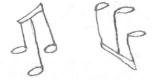

Conformación del sonido

Volumen

El volumen es el aspecto más vinculado a la amplitud de los sonidos acústicos. También se ha definido como la magnitud de la sensación auditiva. El volumen está indicado en decibeles.

Ejemplo. EL SUSURRO DE LAS HOJAS, EL DESPEGUE DE UN JET.
EL SER HUMANO TIENE UNA TOLERANCIA AL VOLUMEN, PERO CUANDO ÉSTE ES MUY ALTO PUEDE LLEGAR LA LESIONAR Y CAUSAR TRAUMA ACÚSTICO QUE AFECTA LA CONDUCTA DE LAS PERSONAS PONIÉNDOLAS INCLUSO MUY IRRITABLES, CON DOLORES DE CABEZA FRECUENTES Y RECHAZO INCONSCIENTE A LOS AMBIENTES RUIDOSOS.

Tono

El tono es la característica del sonido que nos dice qué tan grave o agudo es lo que escuchamos.
La altura de los tonos puros se relaciona con sus frecuencias bajas, que producen sonidos graves, y con las frecuencias altas, que son los sonidos agudos.
El tono del sonido es la propiedad que describe el aumento de la altura que acompaña a los incrementos de la frecuencia.

Ejemplo. SI PARTIMOS DE LA IZQUIERDA DEL TECLADO DEL PIANO Y NOS MOVEMOS HACIA LA DERECHA, AUMENTA LA ALTURA O EL TONO DEL SONIDO, GENERANDO NIVELES AGUDOS QUE MOLESTAN A ALGUNAS PERSONAS, PERO ESPECIALMENTE A LOS NIÑOS CON FALTA DE MADUREZ Y A LAS PERSONAS CON TRAUMA ACÚSTICO.

Timbre

Si dos sonidos tienen el mismo volumen, el mismo tono y la misma duración pero suenan distintos, su diferencia es de timbre.

Ejemplo. LA MISMA NOTA SUENA DIFERENTE ENTRE UN PIANO Y UNA TROMPETA POR LAS CARACTERÍSTICAS DE CADA INSTRUMENTO Y LA FORMA DE EJECUTARSE.

Estructura y función del sistema auditivo

El sistema auditivo debe cumplir tres tareas básicas para que podamos oír: primero, debe llevar el estímulo acústico a los receptores; segundo, debe traducir en señales eléctricas los cambios de presión de estímulo; tercero, debe procesar las señales eléctricas para que indiquen con precisión las cualidades de la fuente sonora: tono, volumen, timbre y ubicación.

Oído externo

Cuando en las conversaciones diarias hablamos del oído, muchas veces nos referimos al oído externo, es decir, a las orejas. La importancia que tiene esta parte del oído es la de localizar los sonidos. Las principales funciones se procesan en el cerebro con la información dada por los diferentes estímulos del medio. Además de una función protectora, el oído externo tiene otro cometido: aumentar la intensidad de algunos sonidos.

🎵 Oído medio

Cuando las ondas sonoras que llevan el aire alcanzan la membrana del tímpano al final del conducto auditivo, la hacen vibrar y esta vibración se transmite a la estructura del oído. El oído medio es una cavidad pequeña de dos centímetros, que separa el oído externo del interno. Esta cavidad contiene tres huesillos (los más pequeños del cuerpo humano) articulados por cuatro ligamentos.

🎵 Oído interno y vértigo

El equilibrio se localiza en el oído interno, donde los órganos receptores detectan la orientación de la cabeza con respecto a la gravedad. Los receptores en los conductos semicirculares detectan la aceleración en movimientos circulares de los ojos, cuerpo o cabeza. En este sentido, los receptores en el utrículo detectan la aceleración lineal en movimientos horizontales y los del sáculo detectan la aceleración lineal en dirección vertical.

Las funciones del oído interno dan la clave de los procesos viso-espaciales, es decir, la relación del niño con el espacio, necesarios para el desarrollo de lecto-escritura y matemáticas.

El equilibrio es la habilidad para detectar el movimiento y la rotación, que cuando no es interpretado oportunamente causa vértigo en el momento de pararse. Esto ocasiona cierta inseguridad para volver a intentarlo, acentuándose el problema a medida que el niño crece.

Un grupo de niños con dificultades para desarrollar el lenguaje demostró, según los estudios de la especialista Paula Tallal, que el tiempo para percibir los sonidos es más lento y las señales acústicas para las sílabas, las palabras y las frases son diferentes, comparando estos niños con uno normal. Con entrenamiento, sin embargo, es posible mejorar dichas habilidades.

Duración e intensidad

ESTOS DOS ASPECTOS SON ESENCIALES PARA LA LOCALIZACIÓN DEL SONIDO. UN SONIDO QUE SE ORIGINA A LA IZQUIERDA DE UNA LECHUZA, LLEGARÁ A SU OREJA IZQUIERDA CASI 200 MICROSENGUNDOS ANTES DE LLEGAR A LA OREJA DERECHA. EN HUMANOS, CUYAS HABILIDADES DE LOCALIZACIÓN DEL SONIDO SON AGUDAS, PERO NO ESTÁN A LA PAR CON LAS HABILIDADES DE LAS LECHUZAS, LA DIFERENCIA ENTRE EL TIEMPO DE LLEGADA DE UN MISMO SONIDO A CADA OÍDO ES CASI TRES VECES MAYOR.

Duración e intensidad

Motivación auditiva durante la infancia

El primer año de vida de un niño se constituye en la etapa más importante para el futuro desarrollo de su lenguaje, y es allí donde es necesario que los padres le brinden toda la motivación posible dando todo tipo de estímulos auditivos, teniendo en cuenta no sólo el lenguaje conversacional sino los diferentes códigos musicales según el estado emocional, dado que hay estudios que demuestran que los sonidos agudos dan energía y los graves la descargan.

En los niños con fallas de madurez se presenta una asincronía en la recepción de la señal en cada uno de los oídos, presentan mejor respuesta para sonidos agudos que para los graves, y es por esto que presentan dificultades en la atención. Hay diferencias en los resultados audiométricos en aquellos que no evidencian dificultad auditiva, mostrando mejores respuestas para los tonos agudos que para los graves y, a su vez, rechazando algunas veces estos últimos.

Los niños con fallas de madurez tienen una voz aguda por su dificultad en sincronización auditiva; por ello, se debe permitir al niño jugar con diferentes instrumentos sonoros para que regule su función.

Los sentidos de la elección en la primera infancia

El olfato y el gusto están íntimamente ligados. Una de las propiedades más exclusivas es que los estímulos que excitan estos sentidos están a punto de ser asimilados por el cuerpo: sólidos y líquidos por la boca y gases por la nariz.

Algunos autores piensan que el olfato y el gusto son como unos 'porteros' cuya función es detectar lo que puede perjudicar al organismo y por lo tanto rechazarlo e identificar lo que el cuerpo necesita para consumirlo y sobrevivir. En estas funciones tiene mucho que ver la experiencia que ocasiona un componente afectivo y emocional, pues lo que hace daño huele o sabe mal. El ser humano suele vincular un olor a un lugar, un acontecimiento o una persona del pasado que normalmente despiertan reacciones emocionales. ✪

La respuesta infantil

LOS NIÑOS RECHAZAN CIERTOS ALIMENTOS QUE LOS PUEDEN PERJUDICAR, Y BIEN SEA POR ALERGIAS O POR HIPERSENSIBILIDAD, CREAN RECHAZO CAUSANDO INCLUSIVE NÁUSEAS. LO MISMO OCURRE CON LOS OLORES. AL INTEGRAR LAS SENSACIONES TÁCTILES Y ESTABLECER EQUILIBRIO EN LOS SENTIDOS, SE ASUME LA MADUREZ QUE PERMITE TOMAR LOS DIFERENTES TIPOS DE ALIMENTOS.

La respuesta infantil

Capítulo 6

Motivación para la integración sensorial

Integración de los sentidos, un trabajo unísono

La información llega al cerebro a través del órgano receptor propio de cada uno de los sentidos; éste toma la información teniendo en cuenta el qué, el dónde y el cuándo.

La información registrada se ordena, integra, organiza y, por último, se da una respuesta. En este proceso, es de gran importancia la capacidad de ser consciente de la posición y de los movimientos de las articulaciones y el mecanismo de atención.

Estudios realizados en el campo de la neurobiología, psicología y neurodesarrollo permitieron elaborar el concepto de integración sensorial, definido como la habilidad del sistema nervioso para recibir, procesar y organizar los estímulos sensoriales del medio externo y traducirlos en una respuesta adaptativa.

Del feto y la madre a los procesos del niño

La integración sensorial empieza en la matriz cuando el feto siente los movimientos del cuerpo de su madre. Gran cantidad de integración sensorial debe ocurrir y desarrollarse para que podamos gatear y ponernos de pie, y esto sucede durante el primer año de vida, así como con los juegos de la infancia, a medida que el niño organiza las sensaciones de su cuerpo y la gravedad junto con la vista y el oído.

La lectura requiere de una compleja integración de sensaciones de los ojos y músculos del cuello, así como del vestíbulo que está dentro del oído, cuya función principal es dar la ubicación de la persona en el espacio. Los genes de la especie humana nos proporcionan la plataforma de nuestra capacidad de integración sensorial. Aunque todo niño nace con esta capacidad, debe desarrollar la integración sensorial al interactuar con muchas cosas en el mundo y al ir adaptando su cuerpo y su cerebro a otros tantos retos físicos durante la infancia.

Desórdenes de la integración sensorial

Para la mayoría de los niños la integración sensorial se desarrolla en el curso de las actividades típicas de la niñez. La capacidad de la planificación motora es un producto natural del proceso de crecimiento y desarrollo, así como responder a una sensación nueva de una manera adaptativa. Pero, en algunos niños, la integración sensorial no se desarrolla tan eficientemente como debiera. Cuando dicho proceso no se puede ordenar se evidencian una cantidad de síntomas que se manifiestan en la calidad del desarrollo, en el aprendizaje o en la conducta.

Qué pasa sin integración sensorial

AL TENER ESTA HABILIDAD SE FACILITA LA FORMACIÓN DE UN SISTEMA POSTURAL (EQUILIBRIO Y POSTURA) Y UNA CONCIENCIA CORPORAL, QUE SON LA BASE DE LAS ACTIVIDADES MOTRICES INTENCIONADAS Y COORDINADAS. CUANDO ESTA INTEGRACIÓN NO SE DA EN FORMA ARMÓNICA Y FLUIDA PUEDE TRADUCIRSE EN LA APARICIÓN DE PROBLEMAS Y/O TRASTORNOS DE APRENDIZAJE. AL HABLAR DE INTEGRACIÓN SENSORIAL, NOS REFERIMOS PRINCIPALMENTE A LA ADECUADA INTEGRACIÓN DE LA INFORMACIÓN DE LOS SISTEMAS PROPIOCEPTIVO, VESTIBULAR Y CUTÁNEO.

Qué pasa sin integración sensorial

Motivación para fomentar la integración sensorial

¿Qué pueden hacer los papás para fomentar la integración sensorial en sus niños? Probablemente el más importante modo en que un padre puede facilitar la integración sensorial es conociendo el papel fundamental que esta función cumple en la calidad de desarrollo alcanzable de cualquier chico. Pero además, ofreciendo a los hijos un ambiente sensorialmente enriquecido que favorezca un crecimiento y desarrollo saludable. Para facilitar una normal integración sensorial los padres deben reconocer que cada niño es un individuo con intereses, reacciones y necesidades únicas.

Ninguna receta puede revelarle al adulto todas las actividades correctas para el desarrollo de su hijo. Los padres pueden analizar mejor las necesidades de su niño, observando sus reacciones ante situaciones variadas.

Por ejemplo, considerar las distintas maneras en que su hijo es afectado por el tacto, movimiento, visión, sonidos, olores o alturas.

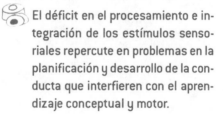

En ocasiones un movimiento rápido puede poner al niño más alerta y conducir a una verbalización mejorada. En otro niño, el mismo movimiento puede excitarlo hasta el punto de provocarle una desorganización y reaccionar con temor.

Casos

 La respuesta al estímulo es diferente de un niño a otro. Un pequeño puede buscar abrazar muchas veces, mientras otro puede querer hacerlo sólo ocasionalmente. Así mismo, las respuestas varían en un mismo niño de un día a otro e incluso de un momento a otro. La consideración de las formas en que la estimulación puede variar, según las reacciones del niño, puede ayudar a un padre en la guía de actividades para su hijo que resulten más beneficiosas a su desarrollo.

 El aprendizaje depende de la habilidad para derivar información sensorial del medio ambiente y del movimiento corporal, para procesar e integrar esta información en el sistema nervioso central y para utilizarla planificando y organizando el comportamiento.

El déficit en el procesamiento e integración de los estímulos sensoriales repercute en problemas en la planificación y desarrollo de la conducta que interfieren con el aprendizaje conceptual y motor.

Brindar oportunidades de mayor entrada sensorial en el contexto de una actividad significativa que exija una respuesta de adaptación, mejorará la integración en el sistema nervioso central y a su vez el aprendizaje conceptual y motor. La hipo-respuesta y/o híper-respuesta en cada sistema sensorial afecta la habilidad de la persona para interactuar eficientemente con el medio ambiente.

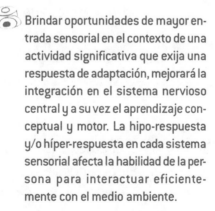

Cuándo tomar otra decisión

Para la mayoría de los niños la integración sensorial se desarrolla en el transcurso de las actividades comunes de la niñez; la habilidad para la planificación motriz es el resultado natural de este proceso, pues es la capacidad para responder a las sensaciones recibidas de manera adaptativa. Pero en algunos niños no se desarrolla de manera tan eficiente y puede presentarse un número significativo de problemas en el desarrollo, aprendizaje y conducta.

Es importante para un padre observar la respuesta de su hijo a una determinada actividad y estar atento para cambiar una actividad que no es adecuada. Finalmente, los padres necesitan saber que la integración sensorial no es lo mismo que la estimulación sensorial. Aunque algunas veces es apropiado ofrecer actividades que impliquen una variedad de tipos de información sensorial, pero también es importante reducir o bloquear ciertos tipos de estímulos sensoriales cuando sea necesario. El desequilibrio entre los dos lados del cuerpo y los dos hemisferios afecta la eficiencia de la función sensorial. El cerebro funciona como un todo pero está compuesto por sistemas organizados jerárquicamente.

De igual manera, en niños con otros diagnósticos de base como, por ejemplo, en aquellos que presentan parálisis cerebral, síndrome de Down o autismo, en quienes el déficit en integración sensorial ejerce un impacto negativo sobre el progreso terapéutico, a menos que se traten específicamente. En estas poblaciones el tratamiento en integración sensorial se aplica como complemento de otras modalidades de abordaje y puede mejorar la independencia funcional, motivación, autoestima y competencia global en el desempeño de las ocupaciones.

Algunos indicadores que señalan problemas de integración sensorial

Algunos indicadores que señalan problemas de integración sensorial

- HIPERSENSIBLE O HIPOSENSIBLE AL TACTO, MOVIMIENTO, VISIÓN O SONIDOS, ES DECIR, AL NIÑO PUEDE MOLESTARLE QUE LO TOQUEN, LE MOLESTAN LOS SONIDOS AGUDOS, LAS LUCES FUERTES, ETC.
- SE DISTRAE CON FACILIDAD.
- NIVEL DE ACTIVIDAD EXCESIVAMENTE ALTO O EXCESIVAMENTE BAJO (NIÑOS MUY NECIOS O MUY TRANQUILOS).
- IMPULSIVIDAD, DIFICULTAD PARA CONTROLARSE O CALMARSE POR SÍ MISMO (PATALETAS FRECUENTES).
- POBRE CONCEPTO PERSONAL (BAJA AUTOESTIMA).
- PROBLEMAS SOCIALES O EMOCIONALES.
- RETRASO EN EL HABLA, EN LAS HABILIDADES MOTORAS, O EN LOS LOGROS ACADÉMICOS, INCLUSO EN NIÑOS QUE TIENEN UNA INTELIGENCIA PROMEDIO O SOBRE EL PROMEDIO.
- DIFICULTAD EN LA TRANSICIÓN DE UNA ACTIVIDAD A OTRA.
- TORPEZA MOTORA, DIFICULTADES EN LA COORDINACIÓN, ESPECIALMENTE EN ACTIVIDADES QUE REQUIERAN DE MUCHO MOVIMIENTO CORPORAL O ACTIVIDADES DE DESTREZA FINA.

Respuestas adaptativas

En el mundo animal, la adaptación es la habilidad de sentir el cuerpo y el ambiente, de interpretar esas sensaciones con precisión y de hacer la respuesta motora adecuada para obtener el alimento, para evitar ser el alimento de otro animal y para estar al nivel de las difíciles condiciones de la naturaleza. La evolución incluyó muchos períodos en que los animales se encontraron en un ambiente donde el alimento era más escaso. Así que los animales se adaptaron y sobrevivieron debido a sus buenas funciones sensoriales-motoras.

Las respuestas adaptativas de los vertebrados sirvieron para organizar las sensaciones de la gravedad y del cuerpo. La respuesta adaptativa básica y más consistente ha sido la posición prona, cuya evolución generó la locomoción y desde la cual los animales se pusieron en cuatro patas y luego llegaron al desplazamiento bípedo.

Gravedad en mamíferos

EN LAS RESPUESTAS REFLEJAS A LA GRAVEDAD, LOS MAMÍFEROS LEVANTA-RON PRIMERO SU CABEZA Y DESPUÉS LA PARTE SUPERIOR DEL TRONCO. DES-PUÉS EL SISTEMA VESTIBULAR SIRVIÓ PARA COORDINAR LOS MIEMBROS DEL LADO IZQUIERDO Y DERECHO. A MEDIDA QUE LOS MAMÍFEROS EVOLUCIO-NARON CON PIERNAS MÁS LARGAS Y MOVIMIENTOS MÁS COMPLEJOS, SUS MÚSCULOS Y ARTICULACIONES ENVIARON AL CEREBRO SENSACIONES PROPIOCEPTIVAS MÁS COMPLEJAS. POR TANTO, DICHO SISTEMA, DESPUÉS DE LOS SISTEMAS TÁCTIL Y VESTIBULAR, NO TIENE CONEXIONES TAN EX-TENSAS HACIA LOS DEMÁS SISTEMAS SENSORIALES.

Gravedad en mamíferos

Al voltear a un animal sobre su espalda, el reflejo de enderezamiento del cuello lo hace esforzarse por volver a la posición bocabajo. Dado que los receptores vestibulares se encuentran en tres diferentes planos del espacio, la posición de la cabeza determina qué receptores se estimulan. Así que estar acostado bocabajo es vital para un desarrollo normal de la integración sensorial. ✪

Capítulo 7

La etapa de gestación

Motivación durante la concepción, tarea decisiva

El término concebir está expresando el inicio del proceso de gestación del hijo. Cuando concebimos un hijo es cuando en verdad pensamos en lo que es tener un hijo, cuando imaginamos esa posibilidad como una realidad. Puede que en algunos casos las personas sean poco conscientes de que vivieron este proceso, pero conscientes o no, es la obra de la pareja.

Comunicación entre madre e hijo

Una vez que se forma el cigoto o el huevo embrionario, hablamos de la gestación, del embarazo. Gestar es dar vida a algo. Aquí comienza la vida. Si estamos en el proceso de ser padres es conveniente desde el principio, ponernos en la mejor disposición de serlo.

Durante el embarazo, el bebé que se está gestando tiene una vida psíquica muy ligada a la vida psíquica de la madre. Si ella se encuentra alegre, el feto experimenta alegría. Si la madre está alterada, su hijo en el útero vive sensaciones de irritabilidad. Si está tranquila, a su vez él está tranquilo.

La vida emocional de la madre es comunicada al pequeño ser a través de los líquidos que el sistema endocrino, según la emoción que sea, arroja sobre el torrente sanguíneo. Mamá e hijo están completamente unidos en esa etapa.

El bebé: un vigía

EXISTEN DIVERSAS FORMAS DE INFLUENCIA DIRECTA ENTRE LA MADRE Y LA CRIATURA QUE ESPERA, PERO LAS MÁS RECURRENTES SON: CUANDO LA MADRE SE ENCUENTRA MUY TRANQUILA CONVERSA CON SU BEBÉ Y ESTE SE MUEVE RESPONDIÉNDOLE; CUANDO ESCUCHA MÚSICA EL BEBÉ SE APACIGUA, PERO EN ESTE PUNTO ES DETERMINANTE TAMBIÉN EL ESTÍMULO QUE LA MADRE RECIBE A PARTIR DE LA MÚSICA, YA QUE LO QUE ELLA EXPERIMENTE SERÁ LO QUE TRANSMITA AL BEBÉ.

El bebé: un vigía

Cuidados de la madre

A pesar de ser el útero un órgano protector del bebé, existen varios agentes externos que pueden causar alteraciones en el desarrollo madurativo del feto, tales como el cigarrillo, el alcohol, las drogas o estar expuestos a radiaciones, como los rayos x. Así mismo, hay diversos virus que causan alteraciones en su formación, que atrofian su desarrollo normal. Entre ellos tenemos enfermedades virales como la rubéola, el cytumegalovirus, la toxoplasmosis y la sífilis, entre otros. Por ello es de suma importancia que una madre embarazada permanezca consciente para evitar su exposición a este tipo agentes patógenos.

Maternidad, emoción y estrés

Así como las madres deben estar conscientes del daño causado por el uso indiscriminado del cigarrillo, el alcohol y otros elementos nocivos para su salud, también han de cuidarse de los niveles de estrés, ansiedad y, en general, todas sus condiciones de salud, ya que estos aspectos que antes eran considerados cuentos de las abuelas, ahora, gracias a la ciencia, se sabe que son determinantes en el desarrollo, crecimiento y madurez cerebral del bebé.

Efectos de la nutrición en el desarrollo cerebral

El cerebro es un órgano muy delicado. En los primeros cuatro meses de gestación, sufre cambios drásticos. Hasta los 2 años de vida es muy sensible a la calidad de nutrición que reciba, pues durante este período ella es básica para el desarrollo cognitivo y emocional, así como de las funciones neurológicas.

Si se presentan estados de desnutrición en la gestación y durante el primer año de vida, las secuelas pueden ser irreversibles, manifestándose en disminución del peso cerebral y fallas en la madurez del sistema nervioso central.

El desarrollo neurológico adecuado convierte al recién nacido en un ser capaz de identificar sus necesidades y dificultades mediante estímulos externos, bien sea positivos o negativos.

Los preludios del desarrollo del lenguaje

Desde mucho antes del nacimiento, cada uno en particular tiene una historia de comunicación y de ésta dependerán en gran parte las diferencias en el hablar de cada cual, según se haya reconstruido la historia familiar, a través del relato intra-familiar. Cada uno de los progenitores trae su propia historia, que habrá sido contada dentro del seno de cada familia en particular, cuando una pareja se constituye para la creación del nuevo ser.

Por lo tanto, la comunicación que se establece entre el papá y la mamá será determinante para un futuro éxito en el desarrollo comunicativo del nuevo ser que, al haber sido creado en una relación simbiótica, compartirá con la madre, dentro de la vida intrauterina, todo el bagaje lingüístico al que estará expuesto a través de su audición, y teniendo presente que el líquido amniótico es un gran transmisor del sonido.

Los tres primeros meses de gestación se acompañarán con las palabras que contiene la aceptación de sus progenitores que será la apertura hacia la vida comunicativa. Es la emoción de sentir la nueva vida en gestación la que permitirá la adecuación del uso sensorial para el habla. Es así, que a los tres meses de vida intrauterina, el feto estará dispuesto para recibir información del medio externo; por eso, los estímulos auditivos ricos y variados son un apoyo importante para desarrollar el oído en forma natural.

Cómo incide la comunicación en el feto

Las voces de mamá y papá, con expresiones amorosas entre ellos, deben manifestarse ante el nuevo ser desde el principio de su gestación. El bebé, al percibir a sus familiares y amigos, empezará a sentir y conocer cómo es ese medio al que pronto se enfrentará y al cual ya pertenece. También recibirá mensajes con contenidos afectivos y de aliento para su desarrollo.

Después del sexto mes de vida en gestación podrá escuchar la música y las voces de su familia; éste será el fondo auditivo que lo acompañará y le permitirá apropiarse de su entorno socio-cultural.

La música, los sonidos, el habla, el tarareo, las canciones, la imitación de los sonidos del ambiente y de los animales son ayudas que le permitirán iniciarse en el desarrollo fonético y prepararse para el nacimiento. ✪

Capítulo 8

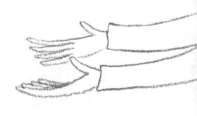

El neonato

No dejamos para mañana lo que es urgente hoy

El recién nacido sufre un cambio fuerte en relación con su anterior estado intrauterino. Pasa de una situación en la que a través del cuerpo de la madre obtiene lo que requiere, a una situación de dependencia estrecha de la madre y del medio ambiente. Sus percepciones físicas del mundo externo permanecen aún aisladas. Se presentan únicamente en función de sus necesidades básicas de supervivencia y bienestar físico: alimento, abrigo, reposo, evacuación. En esta etapa de desarrollo se establece una forma particular de desarrollo tanto físico como mental.

La vida mental en los primeros seis meses

Esa relación de espejo se generaliza para todo el medio ambiente. El bebé no diferencia entre la mamá y la abuela si se le atiende a tiempo. Para él todo lo que le rodea es parte de él mismo. Se relaciona por simbiosis con la madre y con el ambiente como si todo a su alrededor fuera parte de su propio ser. Y no hay un término medio: está bien o está mal, lo que significa que percibe a su alrededor como a un todo, que es él mismo.

El recién nacido permanece la mayor parte de su tiempo en estado de adormecimiento, un aislamiento como si estuviera encapsulado, con una barrera invisible que lo aísla de todo lo demás que no le interesa y que se vuelve su primer mecanismo mental de protección. Es un período normal de autismo. En la medida en que siente

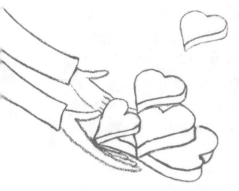

bienestar, porque es adecuadamente atendido, comienza a salir de su cápsula mental y su relación con el afuera es mayor, despertando más sus sentidos y avanzando en el desarrollo sensorial y en el motor. Es allí cuando comienzan los sonidos guturales, que son parte de las bases primeras del futuro lenguaje.

Estimulación sensorial en el recién nacido

En los primeros años de vida, la estimulación sensorial y la actividad motora moldean las neuronas y las interconexiones, las cuales ayudan a formar los procesos sensoriales y motores que permanecerán relativamente estables por el resto de la vida de la persona.

Casos

Al darle el tetero alzado y cantarle se logra estimular el sistema táctil en toda su complejidad, pues es una tarea que implica el contacto; cantarle desarrolla el aspecto auditivo, moverlo el visual; la cercanía de la madre motiva el olfativo; el sabor del tetero activa el gustativo. En este punto se inicia la integración de sus sentidos, además de la seguridad y tranquilidad que le da el contacto con la madre.

¿Qué pasa si simplemente se sostiene el frasco con una almohada? Sucede que habrán sido subestimadas las posibilidades de desarrollo sensorial, lo que el individuo intentará equilibrar posteriormente sin los resultados esperados, ya que a los 10 años de edad el crecimiento está casi completo en la mayor parte del cerebro. Los niños mayores y los adultos no pueden desarrollar nuevas interconexiones fácilmente.

Como el bebé tiene todavía mucho espacio para construir nuevas interconexiones es muy sensible en sus percepciones y comportamientos, además de aprender fácil y rápidamente. Las partes sensoriales y motoras del sistema nervioso siguen siendo algo flexibles durante la infancia. Pero cuando nace es importante estimularle cada uno de los sentidos con las acciones de la cotidianidad puesto que cada una tendrá su función específica en el desarrollo cerebral.

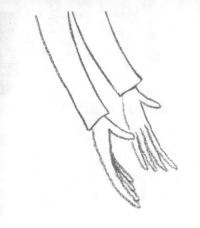

Qué hacer si no fue motivado su sistema sensorial

En la terapia de integración el niño tiene la oportunidad de usar tantas sinapsis como pueda. Es necesario que use las sinapsis de su tallo cerebral donde convergen muchos tipos de sensaciones. Puede parecer que el niño solamente esté jugando, pero el trabajo tiene lugar internamente, o puede parecer que no mejora en las áreas donde tiene problemas, pero aun así está aprendiendo a usar su cerebro de manera más eficiente y fácil.

En la secuencia de desarrollo, el niño utiliza cada actividad para desarrollar las bases hacia actos más complejos y maduros. Está aprendiendo a organizar su cerebro para que éste trabaje mejor y logre habilidades específicas, como leer o escribir.

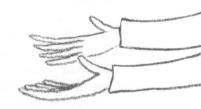

Continuamente está integrándolas para llegar a otras más organizadas, y practica antes de pasar a la siguiente. Por ejemplo, las bases para aprender a caminar; debemos sostener la cabeza para luego sentarnos y gatear, y después mantenernos en dos piernas. Por eso es tan importante tener buenos bloques de construcción desde que nace el bebé, pues de esta forma podrá llegar a desarrollar todas sus potencialidades. En este aspecto, es de suma importancia el cuidado y dirección de los padres para construir dichas bases.

C a s o s

Las experiencias y resultados se han centrado en el valor de la madre como un estímulo positivo, y sus conclusiones se orientan a concederle un valor primordial a la presencia materna como apoyo para un desarrollo infantil normal, dado que ella crea un ambiente positivo para el niño.

Otros análisis realizados en niños que han sido tratados en programas institucionales mostraron que éstos desarrollaban rasgos de comportamiento patológico e hicieron pensar que la ausencia de la madre era uno de los factores que incidían en estas conductas que se agravaban, ya que en la institución se presentaban varias condiciones negativas, como dar órdenes impositivas sin tener en cuenta la madurez cerebral, no teniendo una figura sustitutiva de la madre que desempeñara su función social y afectiva.

¿Presencia de la madre pero ausencia de motivación?

Sin duda alguna, la presencia de la madre cambia en alto porcentaje el ambiente del niño de manera positiva. No obstante, la presencia física de ella tampoco asegura un contacto afectivo ni un enriquecimiento del ambiente y, en muchos casos, como ocurre en las familias donde los dos padres trabajan o en donde la madre no tiene o no demuestra afecto hacia sus hijos, el niño sufre una 'deprivación materna'.

Consecuencias

LA MAYORÍA DE LOS RESULTADOS QUE HAN ARROJADO DIVERSAS INVESTIGACIONES SEÑALAN QUE LA SEPARACIÓN MATERNA ES TRAUMÁTICA, INCLUSO SI SE TRATA DE DEPRIVACIÓN MATERNA AMBIENTAL. ESTA SEPARACIÓN ESTÁ LIGADA A UN CAMBIO NEGATIVO EN EL ENTORNO. LOS AMBIENTES LIMITADOS Y POBRES DE ESTÍMULOS CONDUCEN A DESARROLLOS COGNITIVOS DEFICIENTES, EN CONTRASTE CON AQUELLOS QUE ESTÁN ENRIQUECIDOS TEMPRANAMENTE CON ESTÍMULOS Y EXPERIENCIAS ADECUADAS, LOS CUALES PRODUCEN MAYOR DESARROLLO COGNITIVO, ESPECIALMENTE CUANDO LA MADRE ES GENERADORA DE AMBIENTES POSITIVOS.

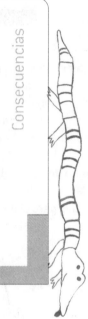

Estas condiciones se presentan con mayor énfasis en las familias con escasos recursos económicos, especialmente aquellas que tienen a su cargo varios niños. Su supervivencia está determinada por factores socioeconómicos y el niño llega a convertirse en un miembro olvidado del hogar, por lo cual no se activan los circuitos del afecto y la cercanía emocional, función importante en el ambiente familiar.

Además del aporte cognitivo, la madre es quien más enriquece el ambiente que rodea al niño y contribuye durante los primeros años a una parte primordial para su desarrollo cerebral, de manera que su organización sea dada por la forma como se suministre dicha motivación; ella es la más indicada para jugar con el niño y proveer todas las sensaciones que posibilitan una buena integración en el niño.

Motivando sus procesos neuronales

El cerebro del bebé se puede semejar a un recipiente de cables desconectados, que con cada experiencia sensorial, sea visual, olfativa, gustativa, auditiva, vestibular o propioceptiva, se conectan entre sí y se hacen más fuertes.

A medida que el niño crece, se van creando más conexiones que ayudan al desarrollo de su aprendizaje. No son necesarios los juguetes sofisticados en los primeros meses del bebé. Las mejores cosas se dan por la iniciativa de su madre para que éste reciba todos los estímulos sensoriales. Desde que nace, lo realmente esencial para el niño es acceder a todo el contacto posible con su madre ya que esto le permitirá un desarrollo cerebral integral.

El crecimiento de nuevas interconexiones produce nuevas posibilidades para la comunicación neuronal. Cada nuevo enlace agrega otros elementos a las percepciones sensoriales y a las habilidades motoras del bebé. Mientras más interconexiones tenga una persona, más capacidad tendrá de aprender y de potenciar su inteligencia.

El pequeño da pasos hacia su organización cerebral

El cerebro es el que organiza. Al estar coherentemente ordenado genera su retroalimentación. La integración es lo que convierte las sensaciones en percepciones y su mayor desarrollo sensorial ocurre durante una respuesta adaptativa, la cual se convierte en una experiencia de los sentidos. Por ejemplo: cuando el bebé observa un juguete e intenta alcanzarlo, esa acción de realizarlo es la respuesta adaptativa; si no hay un propósito no hay respuesta, pero en una respuesta adaptativa vencemos el reto y aprendemos algo nuevo; se ayuda a organizar el cerebro, inicialmente en el juego, posteriormente en actividades de la escuela y más adelante en procesos profesionales y laborales.

Desarrollo neuronal

El desarrollo del cerebro ocurre antes de que el niño cumpla los 3 años; las neuronas proliferan haciendo sinapsis, estableciendo nuevas conexiones con asombrosa velocidad y permitiendo de esta manera un adecuado desarrollo del sistema nervioso, lo que marca así las pautas para el desarrollo motor a lo largo de la vida.

Al segundo año, cerebro adulto

Al segundo año, cerebro adulto

- EN EL RECIÉN NACIDO EL ENCÉFALO PESA APROXIMADAMENTE 350 GRAMOS Y SUS SEGMENTOS PRINCIPALES SE ENCUENTRAN YA DIFERENCIADOS AUNQUE NO ESTÁN TOTALMENTE DESARROLLADOS, COMO LOS LÓBULOS FRONTALES Y TEMPORALES.
- EN EL PERÍODO PRENATAL LA VELOCIDAD DE SU DESARROLLO ES MÁS LENTA QUE EN EL PERÍODO POSTNATAL YA QUE AL TERCER MES LAS CIRCUNVOLUCIONES HAN AUMENTADO AL IGUAL QUE LA LONGITUD DE LOS LÓBULOS FRONTALES Y TEMPORALES.
- ENTRE EL SEXTO Y NOVENO MES EL COLOR DE LA CORTEZA CEREBRAL CAMBIA DE GRIS-ROSADO A GRIS PURO.
- AL AÑO LA SUSTANCIA GRIS DEL ENCÉFALO SE DISTINGUE CLARAMENTE DE LA SUSTANCIA BLANCA.
- AL SEGUNDO AÑO DE VIDA EL ENCÉFALO YA PESA 1.050 GRAMOS SIENDO CASI IGUAL AL PESO DEL ENCÉFALO DEL ADULTO.

El cerebro y las conductas motoras

Durante el primer año crece el cerebelo, que es el encargado de coordinar la actividad motriz del niño, la cual está bajo control de la corteza subcortical. Los movimientos voluntarios dirigidos empiezan aproximadamente al cuarto mes de vida postnatal, el cerebro regula el equilibrio y la postura del niño.

El niño madura más rápidamente entre los 6 y 18 meses y con esta madurez se ve un perfeccionamiento en las conductas motoras. Gran parte del desarrollo motor y físico se debe mucho más a la

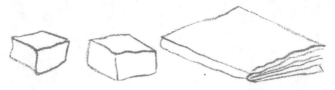

maduración que al ambiente natural. Este proceso es necesario para adquirir las destrezas motrices como gatear, caminar, transportar objetos y la preparación para el control de esfínteres, entre otra gran cantidad de destrezas físicas y cognoscitivas que solamente después de que los músculos y las piernas tengan suficiente firmeza los niños pueden explorar.

Las habilidades motrices se ven reguladas por el sistema nervioso central, estando distribuidas desigualmente por las regiones del cuerpo; según va creciendo el dominio del cuerpo, podemos distinguir entre motricidad fina y motricidad gruesa.

Motivación en los niños

Los niños aprenden más cuando son llevados a usar sus diferentes sentidos. Esto significa que cuando, por ejemplo, una mamá canta una canción a su bebé mientras lo tiene cargado, yendo al parque o al campo con él, estimula su mente y sus percepciones. Esto es aprender multisensorialmente, ya que el cerebro empieza a recibir los diferentes estímulos y a organizarlos.

Hay que aprovechar cada momento de la vida del bebé para suministrarle este estímulo. Los bebés consiguen la mayor información a través de los sentidos; está información temprana es la que provee la construcción de bloques para el desarrollo de su inteligencia. Es importante motivar al niño para que logre independencia en cada una de las actividades de la vida diaria, como comer solo, vestirse, etc., con el fin de que logre autoestima cada vez que obtenga un logro. ✪

Capítulo 9

Direcciones del desarrollo motor

Desarrollo físico de los infantes

Las direcciones del desarrollo motor son dos principios que gobiernan el desarrollo físico antes y después del nacimiento de cada uno de los individuos. Tales principios son consecutivos y ordenados; el primero es el principio indicador de que el desarrollo avanza desde la cabeza hasta las partes inferiores del cuerpo, y el segundo indica que el desarrollo avanza del centro hacia las partes externas.

Aquí, la evolución del lactante se caracteriza por el hecho de que un mecanismo reflejo de postura normal sumado a la elaboración de movimientos específicos para cumplir funciones primitivas hacen un niño capaz de moverse en forma armónica, adecuada y muy compleja, ya sea por medio de una inhibición o de una estimulación.

El desarrollo físico de los infantes es uno de los temas más interesantes, pues un bebé tiene menos capacidades motoras que los adultos, y por lo tanto necesita desarrollar movimientos coordinados adecuadamente. La etapa de los primeros años es fundamental para que el pequeño tenga en el futuro una vida completamente placentera.

Lógica de los movimientos

El desarrollo normal sigue una secuencia predeterminada aunque difiere bastante la época en que cada bebé realiza ciertas actividades, con respecto a otras. Es importante recordar que no existe una 'edad correcta' para que un niño tenga cierto peso o estatura y que desarrolle actividades específicas, y que los niños aprenden los movimientos simples antes que los complicados.

Primer mes de nacido

Teniendo en cuenta los estímulos recibidos durante el primer mes de nacido, a nivel táctil el bebé interpreta algunas de las sensaciones de su cuerpo y responde a ellas con reflejos innatos. Por ejemplo, si tocamos su mejilla, él voltea su cabeza hacia donde se ve estimulado, dando una respuesta adaptativa para buscar el alimento.

A esta edad las sensaciones del tacto funcionan más a nivel de satisfacción de necesidades.

Los estímulos de movimiento también muestran respuestas; así por el vacío que siente cuando es bajado en forma rápida, agitará fuertemente las manos y pies reaccionando para agarrarse de algo. Este movimiento de aprehensión de todo el cuerpo es el primer patrón motor del cuerpo entero y proporcionan las bases para el desarrollo de habilidades más elaboradas.

Las sensaciones de movimientos suaves tienden a organizar el cerebro, y por esto nos traen recuerdos placenteros. Las sensaciones que hacen feliz al bebé suelen ser integrativas.

El niño debe practicar y organizar numerosos movimientos para desarrollar sus posteriores habilidades. Las sensaciones de los músculos y las articulaciones le indican al cerebro cuándo la cabeza está volteando hacia un lado; esto activa el reflejo tónico del cuello en las primeras semanas de vida; dicho reflejo tiene una función importante para determinar los movimientos de los brazos e influye en el tono de nuestros brazos para el resto de la vida. En los niños con problemas de integración sensorial este reflejo está sobreactivado.

Meses segundo y tercero

Las funciones motoras del bebé se desarrollan de arriba hacia abajo, es decir, desde la cabeza hacia los pies. La cabeza y los ojos son las primeras partes que él aprende a controlar; la percepción visual comprende muchos factores además del solo hecho de ver algo. Los ojos deben mantener una imagen del objeto y el cuello mantener la cabeza erguida para ver el objeto claro, ya que si la cabeza se mueve, el objeto se verá borroso. Esto es básico para posteriores aprendizajes, al igual que las sensaciones de movimiento y gravedad, que provienen del oído interno y ayudan al niño a tener equilibrio.

Una vez que el niño aprende a sostener su cabeza erguida con los músculos del cuello, deberá usar los músculos superiores de su espalda y de sus brazos para despegar el pecho del suelo. El impulso de levantar el pecho proviene de las sensaciones de gravedad, las cuales estimulan el cerebro para que contraiga los músculos de la espalda.

El bebé en esta etapa trata de alcanzar objetos pero sin tener aún la coordinación ojo-mano, y no lo puede hacer con precisión ya que no utiliza el dedo oponente y no puede soltar voluntariamente, lo cual nos indica que es una función refleja todavía. Aquí el niño se prepara para la orientación en la línea media. En el control motor fino, el logro fundamental es la manipulación, y para que se inicie debe desaparecer el reflejo palmar.

Meses cuarto y quinto

Ya puede golpear, lo que le provoca satisfacciones. Empieza a mirarse y tocarse las manos para desarrollar una conciencia de dónde se encuentran dentro de un espacio. Es necesario brindarle las sensaciones táctiles, sensaciones de los músculos y articulaciones mediante movimientos, y junto con la visión, ayudarle a aprender a usar sus manos en relación con lo que él ve.

Tiene que coordinar las partes de su cerebro que están vinculadas a sus brazos y manos, pues empieza el uso de sus dedos índice y pulgar, para lo cual suele usar una sola mano comenzando el trabajo de un lado del cuerpo y, posteriormente, del otro por separado, ya que controla ese impulso. Logra tocarse las dos manos enfrente de él comenzando a usar los dos lados del cuerpo. Más adelante hará golpear las dos manos hasta aplaudir.

En está etapa hay más extensión y más simetría y trata de alcanzar objetos venciendo la gravedad.

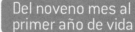

Del noveno mes al primer año de vida

En este período surgen cambios importantes, sobre todo en cuanto a sus desplazamientos, pues se arrastra a mayores distancias y explora más lugares a su alrededor. Estimulando más el sistema nervioso central, mediante sensaciones que provienen de los músculos, mantiene erguida su cabeza y su cuerpo. Coordina ambos lados del cuerpo, aprende a planear los movimientos y a desarrollar la percepción visual. Experimenta más cosas, realiza muchas actividades adicionales, con lo cual integra más sensaciones, generando respuestas adaptativas.

Su juego es más elaborado; ya puede jalar o golpear. Lleva las manos hacia el lado opuesto del cuerpo para cruzar la línea media. Lleva una secuencia de movimientos, manipula herramientas cada vez con más perfección.

Sus desplazamientos en posición cuadrúpeda le posibilitan la adquisición de fuerza a nivel de las manos, preparándolo para su motricidad fina; con esto experimenta presión sobre sus manos y aprende a modular la fuerza y la precisión; experimenta cambios de posición, freno de sus impulsos y manejo de las distancias.

En esta etapa ya se pone de pie, lo cual significa para él un logro muy importante y el resultado de todos los pasos anteriores.

Meses sexto, séptimo y octavo

En el sexto mes desarrolla movimientos avanzados en la muñeca y planea cosas; también hay sensaciones musculares guiadas por la gravedad y el movimiento que le indican cómo mantenerse sentado. Además adquiere una posición que implica mucha integración como lo es mantenerse extendido como un avión trabajando la cabeza, los brazos y las piernas. Esto es básico para rodar, ponerse de pie y caminar. Así mismo, presenta gusto por los cambios de posición.

Ya ha desarrollado la locomoción comenzando los desplazamientos, manejando la relación de los objetos, dominando el espacio y el ambiente que lo rodea; calcula distancias y tamaños; adquiere rotación dentro del eje del cuerpo; usa el dedo pulgar y el índice para coger objetos pequeños y jalar, para lo que ha de requerir planeamientos y coordinación fina de movimientos, pues tiende a introducirlos en agujeros pequeños haciendo un exigente uso de la visión.

Ahora ya puede planear y hacer sonar algo, armar y desarmar, aprende la constancia y permanencia de los objetos.

La motricidad fina

onsiste en el dominio de los músculos pequeños, de la misma manera que los movimientos pequeños de los dedos de las manos. La motricidad gruesa consiste en los grandes movimientos de los músculos cercanos al tronco; esta motricidad siempre estará delante de la motricidad fina.

El medio ambiente influye notablemente en el desarrollo del cerebro, porque éste se moldea con facilidad de acuerdo con las experiencias que pueden afectar positiva o negativamente sobre el sistema nervioso central para así aprender y almacenar información. El cráneo del recién nacido es flexible y cede durante los primeros años; el punto blando de la fontanela no se cierra y los huesos del cráneo no quedan soldados hasta que el bebé ha adquirido el equilibrio y camina bien.

Patrones del desarrollo motor

1. **Etapa inicial.** SE CARACTERIZA PORQUE A TRAVÉS DE LA OBSERVACIÓN EL NIÑO PUEDE ALCANZAR UN PATRÓN MOTOR O TAMBIÉN APRENDE POR IMITACIÓN.
2. **Etapa intermedia.** TAMBIÉN LLAMADA DE TRANSICIÓN, EN DONDE EL NIÑO MEJORA LA COORDINACIÓN Y EL DESEMPEÑO DE SUS MOVIMIENTOS, EJERCIENDO UN CONTROL SOBRE ÉSTOS.
3. **Etapa madura.** EL NIÑO INTEGRA TODOS LOS COMPONENTES DEL MOVIMIENTO EN UNA ACCIÓN BIEN COORDINADA E INTENCIONADA.

Patrones del desarrollo motor

Importancia de la secuencia

Dentro del desarrollo motor se encuentran los patrones de locomoción, comprendidos en siete etapas indispensables para tener un desarrollo completo. Cuando el pequeño no realiza una de estas etapas, puede tener dificultades en el desempeño de otras áreas:

1. ARRASTRE
2. GIRO
3. GATEO
4. MARCHA
5. BOTE
6. SALTO
7. CARRERA

Percepciones maduras

Además de las habilidades motrices, también se encuentran otras capacidades que le ofrecen información acerca de estímulos en el ambiente. Una de éstas es la percepción háptica, que se encuentra sólo cuando los bebés han logrado suficiente coordinación ojo-mano para alcanzar objetos. Esta capacidad se refiere a la adquisición de información acerca de objetos que manipulan, en oposición a los que observan.

Otra capacidad es la de percepción de la profundidad, que consiste en percibir la imagen de un objeto sobre la retina según tres claves que son:

Las claves cinéticas
BIEN ESTABLECIDAS HACIA EL TERCER MES, DEPENDEN DEL CAMBIO DE IMAGEN EN MOVIMIENTO, BIEN SEA DE LA PERSONA O DEL OBJETO QUE ESTÉ OBSERVANDO.

Las claves binoculares
DESPUÉS DEL QUINTO MES LOS OJOS FUNCIONAN JUNTOS.

Las claves monoculares estáticas
SE ENCUENTRAN EN LA IMAGEN DE LA RETINA SOBRE UN SOLO OJO, INCLUYE EL TAMAÑO RELATIVO Y DIFERENCIAS DE TEXTURA Y SOMBRA.

Los juegos son esenciales para la psicomotricidad

La psicomotricidad es un elemento muy importante para el desarrollo de los niños, ya que es la base de posteriores aprendizajes. Se puede desarrollar a través de juegos al aire libre o en lugares cerrados. Es necesaria en la adquisición de habilidades básicas como lectura, escritura y cálculo matemático. Muchas actividades cotidianas como moverse, correr o saltar, desarrollan la psicomotricidad. Además, mediante este tipo de juegos, los niños van conociendo su cuerpo y el mundo que los rodea.

Mediante los juegos de movimiento, los niños, además de desarrollarse físicamente, aprenden ciertos conceptos como derecha, izquierda, adelante, detrás, arriba, abajo, cerca, lejos, que les ayudan a orientarse espacialmente y a ajustar más sus movimientos.

Patinar, montar triciclo o bicicleta, jugar con balones, aros, raquetas, lazos, encestar bolos, jugar a carretilla, trepar pasamanos, rodaderos, columpios, areneras, tablas de equilibrio, etc., favorecen el desarrollo de la motricidad.

La noción de sí mismo

El niño se forma una noción más clara de sí mismo. Ya posee un conjunto de pensamientos acerca de sí, de sus padres y del ambiente. Se da cuenta de que es distinto de sus padres, los distingue a

los dos por separado, identifica otras personas, objetos y situaciones. Empieza a tener una idea de su propio esquema corporal, que luego definirá con mayor claridad. Y adicionalmente, en esas ideas existe una carga afectiva y emocional que se forma de acuerdo con el ambiente que le es familiar.

El control de esfínteres

Hacia el año y medio de edad aproximadamente, cuando realiza su control de esfínteres, se produce otro fenómeno de maduración en la relación con sus padres, porque empieza a encontrar que ellos reaccionan ante la evacuación de la orina y de las heces fecales.

Descubre que de este modo tiene cierto poder de manejo de su entorno y asocia también sus sentimientos a la acción de orinar o expulsar la materia fecal. En su mente asocia la tristeza con la orina, y la rabia con ensuciarse en sus pantalones. Es su manera de expresarse emocionalmente, aún muy ligado a lo corporal mediante una mente todavía primitiva. Por eso esta etapa se denomina anal, cuando se habla del desarrollo psicoafectivo. En ocasiones, no controlar esfínteres se convierte en un intento de dominio de su ambiente, una nueva forma de expresarse.

La actitud del adulto puede ser nociva

La enseñanza del control de esfínteres debe ser progresiva, firme y sin agresiones, porque bien llevada lo ayuda a expresarse con autenticidad, sin mayores temores. Muy drástica, trae como consecuencia sentimientos de oposición, resentimiento, tristeza y se pue-

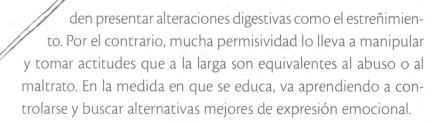

den presentar alteraciones digestivas como el estreñimiento. Por el contrario, mucha permisividad lo lleva a manipular y tomar actitudes que a la larga son equivalentes al abuso o al maltrato. En la medida en que se educa, va aprendiendo a controlarse y buscar alternativas mejores de expresión emocional.

En este proceso, se establecen las bases para el desarrollo del sadismo o del masoquismo en los vínculos afectivos y las relaciones interpersonales.

La buena crianza desde el inicio de la vida intrauterina es el principal agente motivador para que cada ser humano tenga un ambiente propicio para su desarrollo. A través del buen soporte afectivo entre los miembros de la familia, el respeto, la consideración y la firmeza en la fijación de límites y normas de convivencia se establecen unas buenas bases para adquirir una personalidad sana.

Pensar en quién es ese bebé

En estas primeras épocas de la vida hay gran dependencia de los adultos para obtener el bienestar. La noción de sí mismo se relaciona en gran medida con la interpretación que cada ser hace de su ambiente. Quienes tienen a su cuidado un pequeño son responsables de ofrecerle respeto y protección apropiados. Sin embargo, siempre hemos de tener presente que al interior de cada bebé, de cada persona, hay un ser que tiene una visión propia de sí y de los demás que lo hace más susceptible o más fuerte ante las ventajas o desventajas que encuentra a su alrededor durante su crecimiento. Esa visión se irá exteriorizando a lo largo de la vida y se enriquecerá o se entorpecerá de acuerdo con las condiciones que como parte de su entorno le suministremos. ✸

Capítulo 10

La comunicación

Con voz y voto

El lenguaje es un sistema funcional, resultado de una adecuada organización cerebral. Por ello se le considera como un instrumento muy importante para la formación de estructuras cognoscitivas y para la organización de la conciencia.

El lenguaje es el proceso que permite al ser humano interrelacionarse para su socialización. Al cabo de unas semanas el bebé inicia la adquisición de un repertorio de señales que como medios de comunicación le permitirán dar a conocer sus sensaciones y necesidades mediante gestos y expresiones, que al ser interpretados por la madre estimulan la creación de nuevas comunicaciones.

Casos

Si el niño no tiene patrones que le motiven a desarrollar este proceso va a ser una persona con un lenguaje pobre, lo que le ocasionará dificultades en la comunicación tanto verbal como escrita. Hay que tener en cuenta factores de la estructura fonética y fonológica para obtener una competencia lingüística adecuada.

Una de las habilidades que debe tener el niño es entender el sentido de las diferentes palabras.

El niño desarrolla el aprendizaje de la lengua en la medida en que va solucionando las dificultades frente a las experiencias comunicativas en las que se involucra. Este proceso parte del entorno comunicativo, familiar, social, cultural y contextual. Las interacciones comunicativas frente a las cuales está expuesto son los nutrientes esenciales para evolucionar su lenguaje.

Según Kosslyn, psicólogo de Harvard, una persona adulta 'normal' dice más o menos tres palabras por segundo, las cuales son extractadas de un diccionario mental de 20 mil a 50 mil palabras. La habilidad para expresarlas depende de la habilidad en su fluidez lingüística. La lengua para su desarrollo requiere de una buena integración en el desarrollo de habilidades visuales, auditivas y kinestésicas.

La producción del lenguaje y su comprensión requiere gran variedad de habilidades. Iniciando en el proceso de la comunicación, con la percepción de palabras aisladas, se pasa luego a frases aisladas, para después integrar estructuras gramaticales y posteriormente añadirle la estructura del sonido con el fin de lograr la acción comunicativa.

La neuroanatomía del lenguaje

En el desarrollo del lenguaje están directamente involucradas la audición, la visión, la kinestesia y la atención.

Los subsistemas del lóbulo frontal están encargados de la producción de frases. El lóbulo occipital está principalmente conectado con la visión y el lóbulo temporal con el procesamiento de la información auditiva. Mientras el lóbulo frontal se encarga en gran parte del lenguaje respecto de las emociones, el parietal se encarga de la recepción e interpretación de los diversos estímulos semánticos.

¿Cómo entienden las palabras las diferentes personas?

Se entiende que la principal habilidad del lenguaje en la primera infancia es escuchar para poder entender los contenidos de lenguaje. Los estímulos acústicos cambian constantemente dependiendo del entorno en lo atinente al dialecto y de las características de cada una de las personas y la carga afectiva que éstas transmitan. La intencionalidad del lenguaje a través del procesamiento auditivo expresa su parte emocional y social, aspectos que el niño ha captado durante el primer año de vida.

El estímulo auditivo toma forma y llega a la memoria asociativa para iniciar el archivo de una palabra comprometiendo al sistema visual, al cual le corresponde haber archivado las imágenes mentales formado las suyas de acuerdo con la percepción y, de esta forma, comienzan las asociaciones.

Actualmente se ha incrementado el conocimiento de las actividades del hemisferio derecho y se está dando importancia a la comunicación de los dos hemisferios con el fin de lograr mayor desarrollo en todas las funciones comunicativas, pasando a tener diferentes tipos de lenguaje, como lo son el visual, el verbal y el kinestésico.

Los hemisferios en la comunicación

Cada individuo presenta diferentes formas de comunicación de acuerdo con su dominancia hemisférica. Las personas con mayor tendencia artística tienen predominio del hemisferio derecho, por lo cual su lenguaje está basado en imágenes mentales y su comunicación tiene tendencia a mejorar con ayuda de gráficos, por lo tanto estará más inclinado a utilizar un lenguaje visual.

Hemisferio izquierdo

- ESTÁ ENCARGADO DE LA COMUNICACIÓN VERBAL Y DEL PROCESO LINGÜÍSTICO.
- CODIFICA INFORMACIÓN SENSORIAL CON BASE LINGÜÍSTICA.
- PERCIBE LETRAS Y PALABRAS.
- PERCIBE DETALLES.
- SE ENCARGA DE LA ARTICULACIÓN DEL LENGUAJE.
- IDENTIFICA EL VERBO COMO COMPONENTE GRAMATICAL.

Hemisferio izquierdo

Hemisferio derecho

1. ENCARGADO DEL RECONOCIMIENTO DE LOS GESTOS.
2. PROCESA LAS RELACIONES ESPACIALES.
3. INTERVIENE EN LOS ELEMENTOS DE PRONUNCIACIÓN DEL LENGUAJE, ASÍ COMO EN LA ENTONACIÓN MELÓDICA DEL MISMO.
4. IDENTIFICA COMPONENTES GRAMATICALES COMO SUSTANTIVOS Y ADJETIVOS,
5. INTERPRETA LOS CÓDIGOS VISUALES, PERO NUNCA LLEGA A INTERPRETAR VERBOS.
6. CONTROLA LA ATENCIÓN VOLUNTARIA.

Hemisferio derecho

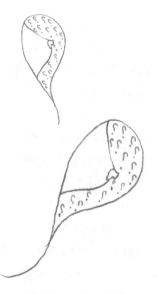

El lenguaje en los primeros meses

Los padres son el modelo fonético y fonológico y quienes brindan las pautas, normas y formas de hablar; constituyen el puente de unión con lo social y ofrecen el modelo del lenguaje dentro del proceso comunicativo para el interactuar en el cotidiano dentro de la familia y la sociedad.

Tanto los padres, como quienes hagan parte del entorno familiar y social, transmitirán de manera espontánea al nuevo ser su propia experiencia para desarrollar el lenguaje a través de sus propios relatos con contenidos de su tradición, costumbres, mitos y leyendas, contribuyendo así al desarrollo del contenido, forma y uso del lenguaje.

Son ellos los responsables de generar la motivación y emoción, según la carga afectiva con que enriquezcan el relato y lo relacionen con lo actual. Es así como se precipita el potencial del nuevo ser en gestación y en formación hacia la comunicación de sus pensamientos o ideas.

Motivación de las habilidades lingüísticas

Para construir ese soporte del pensamiento en un niño, es necesario dotarlo con las herramientas que le permitan estar equipado en la construcción de su lenguaje y en la forma de comunicarse de manera efectiva.

En el momento del nacimiento se enfrenta a un mundo de oyentes, es su descubrimiento, es el universo comunicacional el que va a conquistar, siempre y cuando tenga un encuadre familiar y social lingüísticamente interactuante que le facilite dicho proceso.

Un entorno rico en sonoridad, generado por el ambiente cotidiano y por las personas que rodean al bebé, todo ello nutrido de afectividad, es la clave que impulsa el potencial fonético y fonológico de manera más rápida y mejor encausada.

Los aspectos fonéticos de los primeros sonidos emitidos, los primeros gritos de incomodidad, los sonidos de bienestar, la aparición de consonantes expresivas de incomodidad y de bienestar son interpretados por los padres y cuidadores, quienes, haciendo un esfuerzo, desarrollarán una disciplina como intérpretes por el afán de comunicarse y movidos por el amor que los une. Es así como se establece la diada comunicativa. La diada comunicativa, conformada

Procurando herramientas

AL NACER, EL SER HUMANO SE ENCUENTRA EQUIPADO DE HERRAMIENTAS NATURALES QUE LE AYUDARÁN A DESARROLLAR SU LENGUAJE Y FACULTAD DE COMUNICARSE EN FORMA EFECTIVA, LO QUE LO CONVIERTE EN UN SER SOCIAL POR NATURALEZA. DE LA EXPOSICIÓN Y ACCESOS QUE TENGA SEGÚN EL ENTORNO DE COMUNICACIÓN DESDE EL MOMENTO DE SU GESTACIÓN HASTA SU TERCER MES DE VIDA, DEPENDE LA NATURALEZA EXPRESIVA DE LAS PRIMERAS VOCALIZACIONES.

Procurando herramientas

por el bebé con sus padres, o en su defecto los cuidadores, desarrolla en estos una capacidad de respuesta que interpreta afectiva, efectiva y congruentemente las necesidades del bebé, enriqueciéndola con la expresión facial y corporal. En este sentido, podemos concluir que de la exposición que un bebé tenga al idioma, en forma cotidiana y sostenida por una figura permanente, dependerán sus primeras producciones lingüísticas.

Prevenir malformación en el reflejo vocal

La aparición del reflejo vocal podría estar relacionado con la succión. De hecho, los movimientos de la boca para pronunciar un símil provienen de los movimientos propios de la succión, con lo que se privilegia ésta desde el pezón y no de teteros que alteran la estructura del aparato del habla (la boca), y que además limita posibilidades afectivas y nutricionales.

El uso de teteros exige cuidados extremos, para evitar que el hueco por donde sale la leche no le altere la succión al bebé, ya que un orificio grande obliga al bebé a trancar el chorro del líquido con el dorso de la lengua, implantando malos hábitos linguales, además de generar deformaciones en la estructura del paladar y en la boca en general. Mientras el bebé sea alimentado a través del tetero, debe ser acunado por la persona responsable de alimentarlo, al tiempo que recibe de ésta mimos, aliento y estímulos visuales, auditivos y táctiles.

Las vocalizaciones reflejas

A   APETENCIA.

O   AGARRE DE PEZÓN.

U   CIERRE DEL ORIFICIO LABIAL PARA LA SUCCIÓN.

E   RECHAZO POR SATISFACCIÓN ADEMÁS DE LA APARICIÓN DE CONSONANTES EXPRESIVAS DE INCOMODIDAD. AQUÍ, EL ADULTO QUE LE SUMINISTRA EL ALIMENTO DEBE ACOMPAÑARLO CON REPETICIONES DE LAS QUE EL BEBÉ PRODUCE ESPONTÁNEAMENTE Y EXPANDIR LA PRODUCCIÓN FONÉTICA CON SONIDOS MEDIO AMBIENTALES IMITADOS, DICIENDO Y MOSTRÁNDOLE EL OBJETO O ANIMAL QUE LO PRODUCE.

 ## *La música de sus balbuceos*

Después del tercer mes cuando aparece 'el reflejo coclear', el bebé hace los balbuceos, es decir, une dos sonidos en forma repetitiva y de manera mecánica; generalmente expresiones como ma, ma, ma... Este reflejo se relaciona con masticar y, a estas alturas, ya se inicia el consumo de alimentos adicionales a la leche materna. Con ellos se debe practicar la masticación para poder apoyar el balbuceo y, así, establecer el reflejo cloclear; es decir, el sonido del bebé desencadena la respuesta refleja para los subsiguientes sonidos y, en esta forma, ejecuta un juego sonoro que es balbuceo.

El adulto debe expandir muchos balbuceos, trabajando sonidos bilabiales, como *m-p-b*; dentales, como *f-s*; de punta de lengua, como *d-t-n-l-r-rr*; dorso de lengua, como *ch-y-ñ-ll* y velo del paladar, como *c-j-g*, todo ello con las cinco vocales respectivamente.

Del balbuceo a la comprensión intelectual

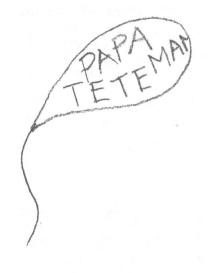

Aproximadamente después del sexto mes, el bebé evidencia su comprensión y, con ella, su desarrollo intelectual, lo cual se puede verificar con la aparición de pausas y entonaciones, siendo evidentes el cambio del balbuceo y el reflejo a un 'balbuceo' con control intelectual que implica intención comunicativa.

Durante este corto período se hace indispensable incrementar el diálogo con el bebé, contándole o poniendo en palabras lo que hacemos durante las diferentes actividades en que se le está atendiendo y cuidando. Se le deben contar estas rutinas y cada movimiento que se haga con las palabras correspondientes, aunque esto ya se venía haciendo.

Este es un período de mayor énfasis, ya que se trata del preludio para la comprensión del mundo que lo rodea y las bases de adaptación al medio. En la medida en que comprende ese medio, habrá una mejor adaptación, un mayor manejo de éste y, por lo tanto, se podrá desenvolver de una manera más inteligente, teniendo en cuenta que la inteligencia es la capacidad de resolver los problemas.

En el noveno mes tiene el uso de la palabra

Hasta el año, el bebé se ha apropiado y tiene la capacidad de producir un promedio de 10 a 12 palabras con una inmensa intención comunicativa y con un inmenso contenido afectivo, así como del uso práctico para suplir y satisfacer sus necesidades inmediatas. En esta etapa se supera, en parte, el desarrollo fonético y se inicia la etapa fonológica. Es importante propiciar y facilitar el uso de las palabras ofreciendo frases simples, es decir, con el uso del artículo,

C a s o s

En esta etapa, a los bebés les gusta ser repetitivos y es la forma como van organizando sus propias escenas mentales.

Después del año, y hasta los 18 meses, la "comprensión" de su lenguaje supera el de la expresión. En esta etapa es muy observador y sus producciones verbales, aunque limitadas, tienen una capacidad intelectual muy superior a su expresión verbal, confirmándose así que 'hablar' no es señal de inteligencia.

Él no habla casi pero todo lo comprende. El juego creativo es muy importante en este momento; los adultos que rodeen al niño deben estar dispuestos a explicarle, mostrarle, hablarle y contarle lo que está pasando, pues en esta etapa él se muestra muy curioso, así que es necesario despejarle todos sus interrogantes y, asimismo, quitarle los misterios.

sustantivo y verbo. Como el desarrollo fonológico implica hacer lenguaje y éste surge de las necesidades que se tengan, es importante facilitar experiencias que lo enfrenten a la necesidad de inventar formas para hacerse entender y valorarle los esfuerzos que hace para tal efecto.

La labor motivadora del adulto

Es el momento de mostrarle los juguetes uno a uno y nombrar cada vez que se le muestre un objeto, así como hacer esta misma actividad con juegos que tengan movimiento cambiando de locaciones y escenas.

En este período es importante contarle historias, cuentos y anécdotas, tratando de interactuar con él pero sin presionarlo, para ayudarlo a verbalizar, ya que él no hablará hasta no estar seguro; y allí aparece la jerga infantil, en donde los adultos deben procurar entenderla. Y una vez puedan iniciar la repetición parafraseando correctamente lo que él dijo en su jerga, se debe repetir para servirle de modelo en el desarrollo del lenguaje sin estar corrigiendo u oponiendo las correcciones y, al mismo tiempo, respetando la espontaneidad del habla del niño, alentándolo y esperando pacientemente a que pueda expresarse, para que vaya adquiriendo, poco a poco, la práctica del habla, lo más cerca al modelo dado por el entorno.

Es el momento en que se debe recopilar todo el contenido lingüístico de la jerga infantil. Las frases que son producidas por el niño dentro de su jerga infantil pueden ser traducidas paulatinamente al lenguaje funcional, repitiendo día a día y enriqueciendo paso a paso el progreso y mejoramiento de la estructura lingüística y comprensiva dentro del lenguaje funcional propio, que va hasta los 2 años de vida. ✪

Capítulo 11

El segundo año de vida

Adquiriendo el conocimiento base

La cognición la tomamos como la habilidad para razonar y resolver problemas con el fin de lograr objetivos, evocar imágenes mentales y transformar el conocimiento. Es decir, cada individuo recibe la información sensorial y la procesa de una manera diferente, creando sus propias imágenes mentales y archivándolas en la memoria, para luego utilizarla y dar respuestas motoras y de lenguaje.

Esta individualidad puede potenciar las habilidades de cada persona si se centra la educación en sus propias características, dándole oportunidad de experiencias positivas.

Organización psicomotriz

Mentalmente se diferencian más los procesos. Lo cognitivo avanza a través de los procesos de percepción sensorial y desarrollo psicomotriz. Aparecen las imágenes, que son el sustituto de las fuentes afectivas de placer que el bebé recrea en su ausencia. Esto lo madura emocionalmente, porque va aumentando su capacidad de soportar niveles mayores de frustración. Afectivamente puede relacionarse con su familia con una mayor conciencia de individualidad.

Estos procesos, aunque son todos mentales, son diferentes. La organización de los impulsos instintivos que buscan la experimentación del placer también se transforman. Son las formas primitivas de lo que más adelante serán su sexualidad y las expresiones de agresividad como herramientas de individuación.

Lo instintivo se relaciona con lo emocional y con lo afectivo. Lo cognoscitivo abarca toda la comprensión de sus propias experiencias internas, de sus relaciones interpersonales y del medio ambiente, así como el desarrollo de la capacidad de raciocinio.

Limitaciones y alteraciones

La existencia de limitaciones físicas como algún tipo de daño neurológico o de lesiones orgánicas, puede alterar el ritmo de desarrollo de las funciones físicas que dependan de ellas, pero no alteran la percepción de lo que ocurre al interior de la persona misma y de su vínculo emocional con sus seres queridos. En cambio, la relación afectiva sí altera la formación del concepto de sí mismo y la estabilidad emocional, así como el funcionamiento de los procesos tanto biológicos como intelectuales.

Aclaración para los padres

LOS NIÑOS QUE EXPERIMENTAN ALGUNA LESIÓN DE TIPO FÍSICO O DAÑO CEREBRAL, TIENEN UNA LIMITACIÓN EN LA FUNCIÓN MOTORA, SENSORIAL O UNA DIFICULTAD EN EL PROCESAMIENTO INTELECTUAL DE LA INFORMACIÓN QUE PERCIBEN, PERO SU AUTOESTIMA, SUS RELACIONES INTERPERSONALES Y SU MOTIVACIÓN PUEDEN SEGUIR INTACTAS SI HAY UN ADECUADO APOYO FAMILIAR O AMBIENTAL.

SIN EMBARGO, SUCEDE TAMBIÉN EN ESTAS EDADES, QUE CUANDO LOS PADRES CAPTAN QUE HAY PROBLEMAS PUEDEN FÁCILMENTE CONFUNDIRSE Y CREER QUE TODAS LAS CAPACIDADES DE SUS HIJOS ESTÁN LIMITADAS E INDUCIRLO A BLOQUEOS AFECTIVOS Y EMOCIONALES COMO PRODUCTO DE LA PERCEPCIÓN DE UN AMBIENTE FAMILIAR QUE NO LE COMPRENDE. IGUAL OCURRE MUCHAS VECES CON QUIENES LO EDUCAN.

Aclaración para los padres

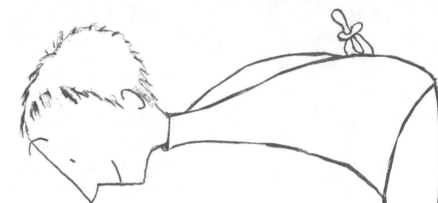

Procesos cognitivos

a inmadurez mental de los padres, tanto de la madre que teme desprenderse de su bebé como del padre que rechaza al hijo por una u otra razón, alteran el buen desarrollo psíquico del hijo, lo desmotivan a continuar avanzando como un individuo con sus propias formas de pensamiento y de imagen de sí mismo.

El uso del lenguaje introduce la aparición de secuencias mentales de imágenes que se convierten poco a poco en los primeros pensamientos. La imagen como representación mental de lo que el bebé desea se completa con otras imágenes y con relaciones entre ellas.

Estas relaciones mentales se asocian a los sonidos de las palabras, y así el niño aprende que no es necesario tener presente en su realidad física todo lo que quiere, sino que lo puede representar con pensamientos y con palabras, pasando de lo concreto a lo abstracto. Apren-

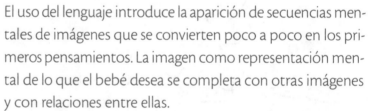

de a su vez, que hay relaciones entre los objetos, entre las personas que en un momento dado pueden no estar visibles, pero sobre los cuales, también con el uso del pensamiento y la palabra, puede referirse.

Atención

Es el proceso de vigilancia, selección y sostenimiento de un estímulo específico dejando de lado otros, es la propiedad que tiene el ser de centrarse en determinada actividad durante cierto período de tiempo. En este proceso intervienen los lóbulos frontales, temporales y parietales, que son los encargados del control voluntario.

Los desórdenes de la atención implican alteraciones en el proceso de la memoria, ya sea durante su inicio, en el registro sensorial, o en la fase donde la representación es transferida a la memoria. Estas alteraciones en el almacenamiento de la información en la memoria causan deficiencias en la adquisición del conocimiento, lo cual altera el proceso de aprendizaje y, de manera colateral, la conducta.

La atención puede ser activa e involuntaria; pasiva o voluntaria

El proceso de la atención esta íntimamente ligado a la madurez cerebral. Cuando por alguna razón hay alteración de la madurez, se presenta el déficit de atención, manifestado por lo general en los primeros años de la primaria, momento en el cual el niño inicia su aprendizaje formal. Este déficit viene acompañado de las siguientes características:

Déficit postural

1. NIÑOS HIPERACTIVOS, PERO LENTOS EN SUS RESPUESTAS.
2. NIÑOS MUY CALMADOS.
3. HIPERSENSIBILIDAD O HIPOSENSIBILIDAD A LOS ESTÍMULOS DEL MEDIO.
4. FALLAS EN EL SEGUIMIENTO VISUAL.
5. FALLAS EN LOS PROCESOS AUDITIVOS QUE IMPIDEN REALIZAR DOS ÓRDENES A LA VEZ.

Déficit postural

La memoria

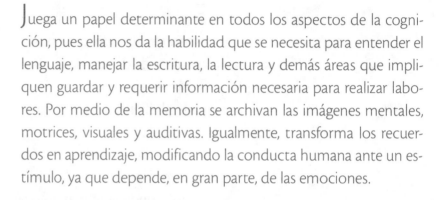

Juega un papel determinante en todos los aspectos de la cognición, pues ella nos da la habilidad que se necesita para entender el lenguaje, manejar la escritura, la lectura y demás áreas que impliquen guardar y requerir información necesaria para realizar labores. Por medio de la memoria se archivan las imágenes mentales, motrices, visuales y auditivas. Igualmente, transforma los recuerdos en aprendizaje, modificando la conducta humana ante un estímulo, ya que depende, en gran parte, de las emociones.

La memoria tiene diferentes tipos de archivos y modalidades para su acceso, entre ellas tenemos:

Sistemas de archivo memorístico

1. **La memoria motriz.** SE ENCARGA DE DAR ÓRDENES A LOS MÚSCULOS PARA PRODUCIR MOVIMIENTOS ESPECÍFICOS.
2. **La memoria asociativa.** REALIZA LAS REPRESENTACIONES DE LA MODALIDAD SENSORIAL, TRABAJANDO CON PROCESOS DE INFORMACIÓN PRINCIPALES Y SECUNDARIOS, LOS CUALES MANEJAN CÓDIGOS DE ENTRADA Y SALIDA DE LAS REPRESENTACIONES MOTRIZ, VISUAL Y AUDITIVA. ASÍ MISMO, TIENE LA REPRESENTACIÓN PERCEPTUAL PARA PROCESAR LAS CATEGORÍAS Y SUS ASOCIACIONES.
3. **Las memorias visual y auditiva.** ARCHIVAN LAS PERCEPCIONES DE ACUERDO CON LA TRANSFORMACIÓN PROPIA DE CADA INDIVIDUO.
4. **La memoria lingüística.** DA ÓRDENES AL CEREBRO PARA LOGRAR LA COMUNICACIÓN VERBAL.
5. **La memoria no lingüística.** GENERA ÓRDENES CEREBRALES PARA EL MANEJO DE CÓDIGOS DE COMUNICACIÓN NO VERBAL.

Sistemas de archivo memorístico

La memoria depende de la atención

Para lograr la memoria, necesitamos de la atención. Ella nos permite crear vías de percepción que son el preludio de la memoria.

Cuando llega un estímulo, se dispara el sistema de la atención. Si es importante, se registra y pasa a la memoria asociativa, que manda los comandos para la relación entre de los diferentes lugares del procesamiento de memoria para luego iniciar la coordinación individual de los diversos procesos que le permiten realizar estrategias que faciliten la entrada de nueva información y, así, finalmente tener salidas rápidas ejecutando la acción correspondiente al estímulo.

El éxito memorístico

El archivo de la memoria depende de cómo se lleven a cabo los procesos sensoriales, especialmente en lo que se refiere a su organización. Dentro de su desarrollo es importante la activación e inhibición de los sistemas para lograr señales con secuencia para que permitan tener niveles cada vez mayores de atención.

La llave para lograr la habilidad de la memoria es aceptar los cambios en el momento oportuno y obtener así las conexiones sinápticas. De esta forma, se obtiene la modulación eléctrica, que depende de la edad, experiencia, madurez del individuo, así como la intensidad, frecuencia y duración del estímulo. ✪

Técnica memorística

EN EL MOMENTO DE EFECTUAR DINÁMICAS QUE FORTALEZCAN LOS PROCESOS MEMORÍSTICOS, LA TÉCNICA ASOCIATIVA ARROJA EXCELENTES RESULTADOS. CONSISTE EN ASOCIAR LOS HECHOS QUE SE DESEA O NECESITA ALMACENAR EN LA MEMORIA, CON REALIDADES COTIDIANAS. EJEMPLOS:

1. ENSEÑANDO A APRECIAR LA MÚSICA CLÁSICA, PODEMOS ASOCIAR LOS CRESCENDOS CON ALGUNA FUENTE REAL O ANECDÓTICA DE ALEGRÍA, EMOCIÓN, ENTUSIASMO, ETC., O BIEN, CON LOS COLORES, LAS CARCAJADAS, EL SOL O LA LLUVIA, ETC. ES EL NIÑO QUIEN DEBE ASOCIAR SEGÚN SUS PERCEPCIÓN Y EXPERIENCIA PERSONAL.

2. EN LOS PROCESOS DE LECTO-ESCRITURA, SE PUEDE ASOCIAR CADA UNA DE LAS LETRAS CON OBJETOS, IMÁGENES, NOMBRES DE PERSONAS, ETC.

Técnica memorística

Bibliografía

ARRIBAS, Mercedes, Ana JÚDEZ, Inés MIRANDA, José Luis PUEYO. "Pediatría: crecimiento y desarrollo psicomotor del niño. La actividad motriz de 3 a 4 años". En *Femenino Plural*, N°16-17. Asociación Aragonesa de Psicopedagogía.

ASMIRNOV, LEONTIEV y otros. *Psicología*. 3ª edición, 196 5.

CONDEMARÍN, Mabel, Mariana CHADWICK y Milicio NEVA. *Madurez escolar. Manual de diagnóstico y desarrollo de las funciones psicológicas básicas para el aprendizaje.* Editorial Andrés Bello, 1978.

CORRAL, A., F. GUTIÉRREZ, P. HERRANZ. *Psicología evolutiva.* Tomo I. Madrid, Uned, 1997.

ESPINOSA, Eugenia, Édgar HERNÁNDEZ, María Teresa ACOSTA. *Transtornos del aprendizaje.* Bogotá, Hospital Militar Central, 1991.

GARDNER, Howard. *Arte, mente y cerebro. Una aproximación cognitiva a la creatividad.* Ediciones Paidós, 1993.

———. *Inteligencias múltiples.* Ediciones Paidós, 1995.

———. *La mente escolarizada. Cómo piensan los niños y cómo deberían enseñar las escuelas.* Ediciones Paidós, 1996. ▶

▶▶ ———. *La nueva ciencia de la mente. Historia de la revolución cognitiva.* 2ª edición, Ediciones Paidós, 1996.

GAZZANIGA, Michel S. *The New Cognitive Neuroscience.* 2000.

GOLEMAN, Daniel. *La inteligencia emocional.* Javier Vergara Editores, 1996.

JEROME BRUNER, Helen. *Hasta la elaboración del sentido. La construcción del mundo por el niño.* Ediciones Paidós, 1990.

KANDEL, Eric R. *Neurociencia y conducta.* Prentice Hall, 1997.

KOSSLYN, Stephen M., Oliver KOENIG. *Wet Mind. The New Cognitive Neuroscience.* 1995.

LURIA, A. *El diagnóstico neurosicológico.* Pablo del Río, 1974.

———. *El cerebro en acción.* Barcelona, Editorial Fontanella, 1979.

MARCHESI, A., C. COLL, J. PALACIOS. *Desarrollo psicológico y educación.* Tomo I. Madrid, Alianza Psicología, 1992.

PIAGET, J. *La formación del símbolo en el niño.* México, Fondo de Cultura Económica, 1961.

———. *Estudios de psicología.* Editorial Planeta, 1964.

PIAGET, Jean y otros. *El lenguaje y el pensamiento del niño pequeño.* Ediciones Paidós, 1965.

SHAPIRO, Lawrence E. *La inteligencia emocional en los niños.* Buenos Aires, 1997.

URIZ, N., M. ARMENTIA, R. BELARRA, E. CARRASCOSA, A. FRAILE, P. OLANGUA, A. PALACIO. *El desarrollo psicológico del niño de 3 a 6 años.* Pamplona, Gobierno de Navarra, Departamento de Educación, Unidad Técnica de Orientación Escolar y Educación Especial, 1991.

VIGOTSKY, L.S. *Obras escogidas.* Tomo II: Pensamiento y lenguaje. Moscú, Editorial Pedagógica, 1982.

———. *Obras escogidas.* Tomo III: Problemas del desarrollo de la psique. Moscú, Editorial Pedagógica, 1983.

VIÑAS, A. *El primer año de vida en el niño semana a semana.* Barcelona, Planeta, 1992.

WERTSCH, James V. *Vigotsky y la formación social de la mente.* Ediciones Paidós, 1988. ✪